사장이 되기 전에 알았더라면 좋았을 것들

사장학개론

사장이 되기 전에 알았더라면 좋았을 것들

사장학개론

최병식
지음

"사장님, 나이스샷!"

"다, 사장님, 덕분입니다."

"사장님, 존경합니다."

"충성!"

" 성공한 사장은 쉬워도, 좋은 사장이 되기는 정말 힘들다 "

세상은 늘 노동의 편이다. 사장은 억울하다.
사회가 만든 대립구조 즉 자본과 노동, 지배와 피지배, 진보와 보수,
가진 자와 안 가진 자, 승자와 패자의 구도 속에서 사장은 늘 나쁜 쪽이다.

지식공감

▍직장이 사라진다.

2020년 4월 미국의 실업률은 무려 14.7%에 달했다. 이 같은 실업률은 같은 해 2월의 실업률 3.5%에 비해서 두 달 사이에 4배 이상 폭등한 것이다. 이 기간 동안에 농업분야를 제외하고도 미국 노동자 2천만 명 이상이 직장을 잃었다. 미국뿐만이 아니다. 2020년 5월의 우리나라 실업급여 지급액은 사상 처음으로 1조 원을 넘어섰다. 실업급여를 받는 실직자 수가 무려 67만 명에 이른다. 여기에 실업통계에 잡히지 않은 재택근무라든가 유급 혹은 무급휴가 등을 합치면 실제 고용시장의 불안은 정부 발표의 수치를 크게 웃돌고 있음이 확실하다.

코로나바이러스감염증 때문이다. 스페인 독감 이후 약 100년 만에 또다시 지구촌을 강타한 이 대유행병은 고용시장을 마구 흔들어 대고 있다. 문제는 코로나 19로 인한 경제침체가 언제 끝날지 모른다는 점이다. 언론들은 전문가들의 견해를 빌려, 우리는 지금껏 경험해 보지 못한 실업대란에 직면하게 될 것이란 암울한 전망들을 쏟아내고 있다. 코로나 19로 인한 실직자와 휴직자 그리고 무급휴가자들의 상당수는 아마 코로나 19가 진정된 이후에도 직장으로 돌아갈 수 없을지도 모른다.

사실 직장은 이미 코로나 19 훨씬 이전부터 사라지고 있었다. 『유엔 미래보고서(교보문고, 2013)』는 2030년까지 우리 주변에서 사라지게 될 것들 10개 가운데, 직장과 팀워크 그리고 기업의 이사회를 3위에 올려 놓고 있다. 직장이 사라진다는 것이다.

중국은 2020년 동계올림픽 공동개최지인 베이징과 허베이성 장자커우를 연결하는 174km 연장의 고속철도를 2019월 12월 말에 개통했다. 시속 350km의 속도로 달리는 이 열차는 무인으로 운행된다. 기관실에서 기관사가 사라졌다. 이 열차뿐이 아니라 전 세계를 달리는 많은 열차가 빠르게 무인운행으로 가고 있다. 자동차도 마찬가지다. 이미 실험 단계를 넘어선 자동차의 자율주행기술은 화물차를 시작으로 고속버스의 운전기사에게서 핸들을 빼앗게 될 것이다. 수많은 화물차와 버스의 운전직종이 늦어도 2030년 이전에는 사라질 것이라는 게 일반적 관측이다.

어느덧 맥도날드에서 음식을 주문하는 것이 맨투맨이 아니다. 맨투키오스크(man to kiosk)이다. 키오스크 모니터에서 먹고 싶은 음식을 주문하고 결제한다. 이런 비대면 음식 주문은 이제 햄버거 가게뿐만이 아니라 동네 작은 음식점에서도 낯선 일이 아니다. 식당에 들어서면 입구에 설치된 키오스크에서 고객이 직접 주문한다. 주문한 음식이 나오

면 손님이 스스로 테이블에 갖고 가서 먹는다. 이로 인해 소규모 식당
은 일인경영이 가능해졌다. 식당에 일자리가 줄어들었다.

빅데이터, 로봇, 드론, IT 그리고 인터넷 등 4차 산업의 발달로 정말
많은 일자리가 사라질 것이다. 실업이 뉴 노멀, 새로운 일상이 될 것이
다. 머지않은 장래에 우린 지금보다 더 심각한 고용의 감소 국면에서,
실업이 보다 보편화되고 일반화된 실업사회에 돌입하게 될 것이다.

대량창업시대가 온다.

직장을 잃은 노동자는 분노할 것이다. 내가 능력이 없거나 게을러서
가 아니다. 나의 잘못이 아닌데 일자리가 없어진 것이다.

1839년 사진기가 발명되기 전까지 화가는 사람이나 사건을 주로 그
렸다. 그러나 사진은 화가에게서 그 영역을 빼앗아 가버렸다. 화가들은
하루아침에 직장과 직업을 잃었다. 하지만 화가들은 이것을 기회로 기
존의 인물화나 사건화에서 벗어나 자연이나 혹은 비구상으로 그림의
외연을 넓힘으로써 미술의 새로운 지평을 열었다. 늘 그래왔다. 과학과
기술의 발달은 노동자들에게서 일터를 빼앗았다. 이 때문에 실업이 된

노동은 생존을 위하여 스스로 새로운 가치를 만들어 내야 했다. 그리고 그 가치들이 궁극적으로 문명의 발달을 실현해 왔다.

4차 산업의 발달로 현재 우리가 겪는 직장의 쇠퇴는, 노동자들에게 창업의 기회를 선물하게 될 것이다. 창업을 통해서 노동자는 조직의 일부가 아니라 생산개체로 존재하게 될 것이다. 그리고 회사와 계약을 통해 업무를 수행하게 될 것이다. 보수의 개념도 시간베이스에서 성과베이스로 바뀌게 될 것이다. 즉 아침 9시부터 오후 6시까지 회사의 업무 공간에 물리적으로 머물러야 하는 제약에서 벗어나, 시간과 장소에 제한되지 않게 업무량 중심으로 과업을 수행하게 될 것이다. 2030년엔 이 일인기업의 생산이 전체 기업생산의 30%에 이를 것으로 전망된다. 프리랜서(Freelancer), 인디펜던트(Independent), 자기고용(Self Employment)의 형태가 될 것이다. 이것은 자영업과는 조금 다른 개념이다.

회사 문을 나서면서 느끼는 감정은 실낙원의 두려움일지 모른다. 회사가 보호하고 보장하는 경제활동은 분명 파라다이스이다. 그 온실을 벗어나면 막막함과 불안이 엄습할지 모른다. 그러나 이미 직장에 치즈는 더 이상 없다. 창업의 길은 선택이 아니라 필수이지만, 그 길은 에덴의 동쪽으로 가는 길이다. 혼자서 야생동물과 싸워야 하고, 척박한 땅을 일구어 거기에 씨를 뿌려야 한다. 하지만 가을에 추수의 즐거움은 그 노력에 대한 자연의 큰 선물이다. 일인기업들 가운데 운이 좋은 일부는 획기적인 성장을 할 것이다. 그리고 이 기업들은 경우에 따라서는 수백억 원 또는 수천억 원의 가치를 갖게 될 것이다. 노동이 기업 안에 머물고 있을 때는 상상도 할 수 없는 일들이다.

기업의 미래

법인도 사람과 같다. 사람처럼 생로병사한다. 사람이 영원하지 않은 것처럼 기업도 그렇다. 사업은 바람을 탄다. 순풍도 만나고 역풍도 만난다. 세상에 영원한 것은 없다. 사람들이 그렇게 믿을 뿐이다. 결국 기업도 늙고 병들어 생을 마감하게 된다. 기업은 마침내 매각하거나 해산함으로써 수명을 다하게 된다.

천신만고 끝에 회사를 설립하고 키웠다. 사업은 궤도에 오르고 이제 좀 여유를 즐길만한데, 어느 날 문득 몸이 따라 주지 않는다. 회사를 승계할 자식들끼리 서로 싸우는 것은 그래도 행복하다. 자식이 하나밖에 없는데 도대체 사업을 이어받으려 하지 않는 경우도 있다. 사업에는 성공하였지만, 그의 인생은 성공적이 아닐 수도 있다.

사장은 자신의 인생에 대한 계획을 세우듯이 기업에 대한 계획을 세워야 한다. 항해 중인 선박이 늘 자신의 항로와 현재 위치를 점검하듯이, 사장도 늘 기업이 추구하는 곳과 현재 기업의 위치를 확인해야 한다. 사장도 영원할 수 없고, 기업도 영원할 수 없기 때문이다. 기업의 지속성과 수익성, 즉 영원히 이익을 내야 한다는 것은 이론일 뿐이다. 언젠가 사장도 기업을 떠나고, 기업도 시장을 떠나야 한다. 사장은 창업할 때부터 이를 고려하여야 한다.

│ 사장에 대해 말할 때가 되었다.

이제 누구나 사장이 되어야 하는 시대를 앞두고 있다. 사업의 기회는 도처에 널려있고, 투자자들은 참신한 사업계획을 기다리고 있다. 하지만 사장이 누구인지 또는 사장이 누구여야 하는지에 대한 담론들은 빈약하다. 경영에 대한 이론은 넘쳐나지만 그것은 다분히 관념적이고 도덕적이다. 사장이 기업을 경영하면서 실제로 필요한 노하우에 대하여 터놓고 말할 수 있는 분위기는 아니다.

사장이 되기 위하여 자격시험이 있는 것도 아니고, 누구의 허가를 받아야 하는 것도 아니다. 사업이 성공적일 때는 아무도 사장에게 잘못을 지적하거나 충고하지 않는다. 회사 안에서 사장을 견제하는 사람도 없다. 사장은 제멋대로 생각하고 행동해도 아무도 비판하지 않는다. 사장치고 자신이 못났다고 생각하는 사람도 없다. 때론 다 아는 것을 사장만 모를 때도 있다. 스스로 성찰하고 통제하지 못한다면, 사장은 헌신적으로 기업을 일구어 놓고도 한순간에 타의로 경영일선에서 물러서거나 경찰서의 포토라인에 서게 될 수도 있다.

80년대 민주화운동의 주체는 청년들이었다. 청년은 대학생과 노동자였다. 민주화 과정에서 노동운동은 근로자들의 복지보다는 이념이 중심이었고 운동은 성공적이었다. 그때 사장은 노동과 사회의 반대편에 있었다. 그리고 민주화를 이룩한 지금도 사장은 노동과 사회의 반대편으로 인식이 되고 있다. 사장은 노동과 함께 우리 경제를 지탱하는 두 개의 수레바퀴 가운데 하나임에도 불구하고, 세상은 늘 노동의 편이다. 우리 사회는 사장에게 우호적이지 않다. 사장은 억울하다.

사장학은 경영학과는 그 영역을 달리한다. 사장학은 사장이 그 대상이다. 사람으로서의 사장에 대한 접근이다.

저자는 방송기자를 한 10년 했다. 그리고 지난 20여 년간 건설엔지니어링회사와 국제 컨설팅회사를 경영했다. 한국과 캐나다, 필리핀, 인도네시아. 아프가니스탄 그리고 에티오피아 등에 법인과 지사를 설립하고 경영했다. 그의 법인들은 미주와 남미, 아시아, 중앙아시아와 아프리카 등 약 15개국에서 도로건설. 건축, 수력발전과 태양광발전, 농업개발, 지역개발, 교육개발 그리고 도시개발 사업 등에 성공적인 엔지니어링과 컨설팅 서비스를 제공하여 왔다. 이 책은 저자가 지난 20여 년간 사장으로서 현장에서 경험하고 느낀 것들에 대한 기록이다.

이 책은 사장을 중심으로 하고 있다. 창업을 계획하는 예비사장님들, 창업을 하였지만 아직 생각이 많은 초보사장님들, 성공적인 리더를 꿈꾸는 분들 그리고 사장이 운명인 모든 분들에게 조금이나마 위로와 용기가 될 수 있기를 기대한다. 아울러 그분들과 꿈과 희망을 함께 공유하는 기회가 되길 바란다.

C o n t e n t s

Chapter 1

사장의 조건

창업은 불안하다. 처음 가는 초행길은 누구에게나 그렇다.

창업을 구체적으로 계획 중이거나 혹은 막연하게 언젠가는 창업을
하게 될 것이라고 생각하는 예비사장님들에게, 사장이 누구인가
또는 누구이어야 하는가 하는 개념의 정리는 사업계획의 머리 부분에
포함되어야 할 중요한 부분이다.

디아스포라

> 직장이 사라지면 노동은 창업의 세계로 떠나야 한다.
> 사장은 떠나는 사람이다. 새로운 세계로 떠나는 이민자와 같다.

나는 중앙아시아의 파미르 지역을 집중적으로 여행한 적이 있다. 세계의 지붕 파미르는 페르시아어로 '태양신의 자리'라는 뜻이라고 한다. 파미르고원은 평균 높이가 해발 6,000m가 넘는다. 2,744m의 백두산은 여기에 비하면 낮은 산이다. 사람들은 해발 3,000m까지에 마을을 이루고 산다. 봄이 오면 목동들은 해발 약 5,000m까지 양 떼를 몰고 올라간다. 거기서 여름을 보내고 가을이 오기 전에 되면 다시 마을로 내려온다. 해발 5,000m가 넘으면 사람이 살기에 적합하지 않다.

파미르는 힌두쿠시산맥과 텐샨산맥 그리고 히말라야산맥이 만나는 곳이다. 고원은 산맥이 되어 유라시아 대륙을 향해 달린다. 나는 파미르의 땅 타지키스탄. 힌두쿠시산맥의 아프가니스탄. 텐샨산맥이 있는 카자흐스탄과 키르기스스탄 그리고 히말라야의 네팔을 여러 차례 찾아갔다.

역사가들은 아프리카에서 발원한 인류가 홍해를 건너 파미르에 오른 것으로 추정한다. 에티오피아 수도 아디스아바바의 박물관엔 인류의 조상이 그림으로 전시되어 있다. 최초인류는 아마 지금의 에티오피아 언저리에서 출현했던 것으로 추정된다. 에티오피아의 아디스아바바를 비롯한 고지대는 기후가 온화하다. 평균기온은 23~24도 정도로 일년 내내 기온이 그리 크게 변하지 않는다. 땅은 비옥하고 물은 충분하다. 왜 인류는 그곳을 떠나 동쪽으로 갔는지 이유는 불분명하다. 에티오피아의 동쪽은 홍해다. 그 바다를 건너기가 쉽지 않았을 것이다. 홍해를 건너면 아라비아 사막이다. 죽음의 벌판이다. 그 사막을 건너면서 일행 중에 많은 사람을 잃었을 것이다.

　동쪽으로, 해 뜨는 쪽으로 이동한다. 인류는 그 열사의 사막을 건너일 년 내내 만년설을 머리에 이고 있는 파미르로 올라간다. 그리고 그높은 곳 파미르에서 인류는 산맥을 따라서 유럽으로 아시아로 떠난다. 역사는 그렇게 추정한다.

　왜 그랬는지는 아무도 모른다. 그 디아스포라, 난민의 길은 한 세대에 끝나지 않았을 것이다. 아버지가 가다가 죽으면 그 길은 아들이 이어서 갔을 것이다. 사막에서, 바다에서 혹은 혹독한 높은 산에서 그들은 그들이 떠나온 곳, 살기 좋은 초원과 밀림의 아프리카를 회상했을 것이다. 풍요로운 평원을 추억했을 것이다. 떠나기 전에 떠나려는 자와남으려는 자가 있었을 것이다. 떠나는 사람들은 떠날 이유가 있었을 것이고, 남은 사람들은 남아 있을 이유가 있었을 것이다. 떠남이 용기이었을 것이다. 하지만 이별은 떠남과 남음을 가리지 않고 반대급부를 주었을 것이다. 집단의 쪼개짐은 동시에 모두에게 아픔이었을 것이다. 익숙한 것은 편안하며 안전하다. 생산성이 높다. 경제적으로 유리하다.

많은 사람들이 남아 있기를 선택한다. 떠나면 고생이다. 바다를 건너야 하고 뜨거운 사막을 지나 눈보라 몰아치는 산꼭대기로 올라야 한다. 하지만 그 떠났던 사람들 때문에 인류는 오늘날 지구상의 인구분포를 보인다. 나는 중앙아시아 그 척박한 산악지대에서 조상들의 난민 생활에 대한 흔적을 찾으려 했다. 혹시 어디에 남겨져 있을지 모르는 그들이 전하는 메시지를 들으려 했다.

사장은 떠나는 사람이다. 동쪽으로, 약속을 믿고 떠나는 사람이다. 가다가 죽을 수는 있지만, 남아서 살기를 바라지 않는 사람들이다. 땅에는 물이 없고 하늘은 비를 내리지 않고 바람은 잠들지 않는 참혹함에도 가던 길을 포기하지 않는 사람들이다. 더 높은 곳을 향한 발걸음을 멈추지 않는 사람들이다. 결코 이기적이지 않은 이유로 위험을 두려워하지 않는 사람들이다. 개척자이고 난민이다. 왜 그 고생을 하느냐고 그냥 편하게 살라고 한다. 하지만 사장은 익숙하고 안락한 현실에 안주하지 않는 사람이다. 일신상의 평화와 행복에 주저앉지 않는 사람이다. 좁은 문으로 들어서기를 거부하지 않는 사람들이다. 인류의 역사는 이 떠나는 사람들의 역사이고 그 사람들 때문에 오늘의 번영이 있다.

창업의 꿈

> 사장은 창업에 즈음하며 비전을 설정해야 한다. 왜 사업을 하는지.
> 사업은 얼마나 할 것이지. 돈은 얼마나 벌 것인지.
> 돈을 벌면 무엇을 할 것인지 등등에 관한 청사진을 그려야 한다.
> 구체적일수록 좋다.

　최근 한 국내 화장품 회사가 미국 화장품 회사에 1조 원에 팔렸다. 2004년 자본금 5천만 원으로 설립한 회사이다. 15년 만에 5천만 원을 투자한 회사는 1조 원짜리 회사가 된 것이다. 뿐만 아니라 음료수를 파는 한 프랜차이즈 기업은 5천억 원이 넘는 액수에 역시 외국계 자본에 팔렸다. 이제 창업을 하는 사장은 몇천억 원에서 몇조 원의 꿈을 꿀 수 있게 되었다. 사장업의 지평이 아련히 확장되었다.

　창업을 하는 목적은 여러 가지가 있을 수 있다. 우선은 기업을 잘 경영하여 영업이익을 추구하는 것으로 일반적인 경우이다. 하지만 많은 사장들이 여기에 머물지 않는다. 기업을 파이낸싱의 수단으로 삼기도 한다. 기업을 통하여 자금을 조달하고 그 재원으로 부동산 투자 등의 영업 외적인 이윤을 추구하는 것이다. 기업은 상품이 될 수도 있다. 가장 비쌀 때 팔아서 최대의 이익을 누릴 수 있다. 사업은 아들이나 딸을 위한 상속과 증여의 수단으로 활용하기도 한다. 사장이 창업하여 기업을 성공적으로 경영하다가 자녀에게 이를 물려준다면 더할 나위 없는 해피엔딩으로 여겨질지 모른다. 초기단계에서 왜 창업을 하는지 사장으로서 목표를 설정하여야 한다. 구체적일수록 좋다.

A씨의 경우는 창업을 통해 단기간에 거액의 이익을 실현한 사례이다. 미국 시민권자인 A사장은 한국에 법인을 만들고 미국에서 건강식품을 수입하였다. 그리고 A사장은 수입한 미국산 건강식품을 판매하는 유통회사를 하나 더 만들었다. 그 건강식품은 강남 부유층을 중심으로 특별한 광고를 하지 않아도 입소문을 타면서 제법 많이 팔려 나갔다. A사장은 회사를 매각하여 단기간에 엄청난 이익을 챙겨 미국으로 돌아갔다, 나중에 안 사실이지만, A사장의 사업 실적은 그리 좋지 않았다고 한다. A사장은 설립한 회사를 통해 미국에서 건강식품을 수입했고 수입한 건강식품을 그가 만든 별도 법인인 건강식품 유통회사에 팔았다. 건강식품 유통회사는 그 제품을 국내 시장에 내다 팔고 남은 재고는 다시 그 수입한 회사에 팔았다. 수입한 회사는 다시 그 제품을 유통회사에 팔았다. 결국 수입한 건강식품은 창고에 있는데, 장부상으로는 두 개의 회사가 사고팔고 거래를 한 것이 되고 영업실적이 커져만 갔다고 한다. A씨는 이렇게 부풀린 실적을 기준으로 회사를 팔아서 많은 이익을 실현했다.

사장은 기업을 활용하여 재테크를 할 수도 있다. 가구 판매회사를 하는 B사장의 경우는 기업을 이용해서 부동산으로 재테크를 한 경우이다. 그가 판매하는 가구는 주로 수입 가구이다. 중국의 북쪽 추운 지방에서 생산된 가구를 반제품 상태로 수입하여 국내 조립공장에서 조립한 뒤에 상표를 부착하여 출고한다. 유명 메이커는 비싼 만큼 사후관리가 더 체계적일 것이다. 하지만 제품의 품질만 놓고 보자면 최고 브랜드나 그보다 한 단계 낮은 브랜드나 별반 차이가 없다는 것이 B사장의 설명이다. B사장은 서울에서 가까운 경기도 지역에 공장을 갖고 있다. 공장이란 것이 그냥 널찍한 공간이다. 철골조에 패널로 천정과 벽을 마감한 구조이다. 공작기계나 생산 설비가 있는 것도 아니다. 거기서 반제품으로 수입해온 가구들은 조립해서 책상도 만들고 의자도 만든다. B사장은 1공장과 2공장 그리고 3공장을 갖고 있다. 20년 이상 가구를 팔았지만 사업상 얻은 이익은 별로 많지 않았다고 한다. 하지만 공장 용지의 땅값이 최근에 많이 올라 아주 행복해하고 있다. 그는 가구제작과 판매가 목적인지, 아니면 그 비즈니스를 담보로 은행에서 돈을 조달하여 공장을 사들이는 것이 목적인지는 불분명하지만, 확실한 것은 B사장은 본업으로 번 돈보다는 부차적으로 공장에 투자한 돈, 즉 부동산 투자로 훨씬 더 많은 돈을 벌었다. 세 개의 공장 가운데 한 개의 공장은 최근 고속도로 건설계획에 인터체인지가 바로 앞에 위치하게 되어서 땅값이 정말 많이 올랐다고 한다.

미국 변호사인 J씨는 회사를 창업하지 않는다. 그는 회사를 산다. 그리고 회사를 합병하거나 분할하여 되판다. 대부분의 거래에서 많은 이익을 남기고 있다. 그는 경영실적이 좋은 회사와 경영실적이 나쁜 회사를 사들여 두 회사를 합병한다. 그 두 회사가 합병하여 생긴 새로운 회사는 경영실적이 좋은 회사의 가치에 경영실적이 나쁜 회사의 부피까지 갖게 되어서 비싼 가격에 팔리게 된다. 또는 영업실적이나 전망은 좋지만 자금난에 시달리는 기업을 헐값에 사들인다. 그리고 그 회사를 정상화시킨 뒤에 높은 가격에 팔기도 하고, 또 회사를 분할하여 팔기도 한다. 그는 사장이지만 그에게 기업은 상품이다. 중고차를 사들여서 정비하고 외관을 가꾸어 비싼 값에 파는 것처럼, 기업을 사들여서 짧은 시간 안에 기업의 가치를 높여 비싼 값에 파는 것을 업으로 한다.

캐나다에 살고 있는 P사장은 한국에 오면 가장 먼저 하는 일이 IT 기업들을 방문하는 것이다. 그는 인류가 텔레비전에 대하여 일정 기간 안에 풀어야 할 숙제 같은 것이 있다고 생각한다. 그것은 입체화면이다. 텔레비전이 흑백에서 컬러로 그리고 브라운관에서 LCD, LED로 진화하였듯이, 조만간 텔레비전 방송이 3D의 입체영상으로 실현되리라고 믿고 있다. 지금 가정용 텔레비전의 입체영상은 입체영화를 볼 때처럼 별도의 안경을 쓰는 등의 장치가 필요하다. 하지만 P사장은 아주 빠른 시일 안에 아무런 장치 없이 텔레비전 화면을 보고 있으면 입체화면이 실현되는 기술이 상용화될 것으로 확신하고 있다. 그리고 한국의 발전된 IT 기술이 그 꿈을 실현시켜 줄 것으로 믿고 있다. 그는 한국의 유망관련 기업에 투자하고 있다. 그는 한국에서 그 기술이 개발되면, 즉시 홍콩이나 캐나다 또는 미국의 증시에 그 기업을 상장할 계획이다. 만일 그가 예상한 것이 이루어진다면 엄청난 투자이익이 예상된다.

오랜 시행착오 끝에 드디어 추어탕 그 신비의 맛을 찾았다고 치자. 어느 추어탕 집은 하루에 300그릇만 준비하고 그 재료가 다 소진되면 더 이상 손님을 받지 않는다. 그 맛의 비밀은 며느리에게도 가르쳐 주지 않고 영혼 속에 간직한다. 추어탕 장인으로 기억되고 싶어 한다. 하지만 다른 추어탕 집은 신비의 맛을 발견하는 순간 프랜차이즈 회사를 창업하고 가맹점을 모집한다. 유명 프랜차이즈는 가맹점 가입비가 일억 원이 넘는다고 한다. 가맹점이 전국에 수백 개라고 한다면 추어탕 조리법 하나로 가맹비만으로도 수백억 원의 수익이 만들어진다. 프랜차이즈로 나서는가 아니면 하루 300그릇만 팔고 문을 닫고 쉬는가. 그것은 사장 마음이다. 사람들은 많은 돈을 버는 것이 정답이라고 쉽게 말하지만 아무도 강요할 수 없다. 사장 마음이다.

사실 이루어지는 꿈보다는 이루어지지 않은 꿈이 더 많다. 하면 된다고 하지만 해도 안 되는 경우도 많다. 창업의 길에서, 그 길이 어떤 이에겐 직장에서의 해고와 함께 피하지 못할 절박한 선택이기도 하고, 어떤 이에겐 오래전부터 계획해온 꿈의 실현이기도 하고, 어떤 이에겐 물려받은 가업이기도 하고 또 어떤 이에겐 은퇴 후에 인생 2막의 길인지는 모르지만, 사장의 길엔 그 꿈의 지도 한 장을 갖고 떠나는 것이 당연하다. 지도를 갖고 떠난 여행과 지도도 없이 무계획으로 떠난 여행은 다르다. 내가 만드는 회사는 어떤 회사였으면 좋겠다 하는 바람이다. 첫째는 회사의 영업에 집중하는 것이다. 그리고 본업을 바탕으로 회사의 이익을 극대화하는 것이다. 둘째는 회사를 통해 파이낸싱을 실현하여 부동산 등에 투자하는 것. 그리고 셋째는 회사를 생산의 단위가 아니라 상품으로 보아서 회사를 매력적인 상품으로 만들어 비싼 값에 파는 것이다. 아울러 기업은 절세의 수단 혹은 상속과 증여에도 활용될 수 있다. 기업을 잘 관리하여 후손에게 물려주는 것이다. 사장이 기업을 통해 실현해 나갈 미래이다.

사장직 사원

<blockquote>
사장이라고 꼭 거창한 꿈을 가져야 하는 것은 아니다.
사업은 규모로 평가되지 말아야 한다.
사업은 사장의 인생을 반영한다.
</blockquote>

비즈니스로 라오스의 북부도시 루앙프라방에 며칠 동안 머물 기회가 있었다. 라오스의 옛 수도였던 이 도시는 시 외곽을 휘감아 도는 메콩강을 친구 삼아 시간이 멈춘 듯 한가롭고 평화로운 곳이다. 메는 라오스말로 어머니이고, 콩은 강이다. 그러니까 메콩은 어머니 같은 강이란 뜻이 된다. 티베트에서 발원하여 남아시아 6개국 약 4,000km를 적시고 남중국해로 흘러가는 메콩은 그 유역을 젖과 꿀이 흐르는 땅으로 만들어 준다.

나는 루앙프라방에 머무는 동안에 메콩강 강변에 자주 놀러 갔고 거기서 한 어부를 만났다. 어부는 한낮 무더위를 피해서 오후 느즈막하게 강가에 나왔다. 강물은 햇빛에 반사되어 물고기 비늘처럼 반짝인다. 그 강물에 떠가는 가냘픈 배 위에 서서 고기를 잡는 어부의 모습은 한 폭의 산수화 같다. 하지만 그게 보기에만 좋을 뿐 어부가 고기잡이를 마치고 손에 들고 돌아오는 어획량은 걱정스러울 정도이다. 그것을 보고 있노라면 나뿐 아니라 아마 산업화된 지역에서 온 사람들의 생각은 비슷할 것이다. 도대체 이 어부가 고기잡이라는 자기의 직업을 대하는 기본자세가 마음에 들지 않는다.

고기를 잡든 농사를 짓든 사냥을 하든 인류는 필요한 양보다 더 많이 생산해서 저장했다. 이 여분의 생산품이 인류에게 미래에 대한 불안을 덜어주고 풍요로움을 가져다주었다. 적어도 어부라면, 가급적 많은 고기를 잡기 위한 노력이 있어야 한다. 더 풍요로운 미래를 향한 꿈이 있고 그 꿈을 실현하기 위한 계획이라도 있어야 한다. 어부 이전에 생활인으로서 인생에 대한 최소한의 예의이다. 그러나 그 어부는 고기를 그리 열심히 잡지 않는다. 새벽부터 밤늦게까지 일하지 않을뿐더러, 고기가 많이 잡히지 않아도 더 많이 잡을 비법을 개발하지도 않는 듯하다.

나는 그 어부에게 물었다. 왜 고기를 더 많이 잡으려 노력하지 않는가. 왜 더 큰물에 나가서 고기를 잡지 않는가. 왜 잡은 고기를 가공하여 더 많은 수익을 내려 하지 않는가. 너는 사장이 아닌가. 너는 선주이고 너는 경영자가 아닌가. 대답은 간단하다. 자연이 주는 만큼만 갖는다는 것이다. 그는 근본적으로 발전에 대한, 더 풍요로워지는 데 대한 욕구가 없다. 진화와 진보에 대한 동기도 없다. 조상 대대로 고기를 잡고 그 고기로 자급자족하여 왔다. 조상도 자연이고 본인도 자연이고 매일 잡는 물고기도 자연이다. 모자람도 넘침도 없는 일상이다. 자연의 일부분으로 태어나 자연 속에 살다가 자연으로 돌아가겠다는 의지가 엿보인다. 그에게 인생이란 존재를 지향하는 것이지, 소유나 그 어떤 성취를 추구하는 것 같아 보이진 않았다.

B사장은 한 정부기관에 소모품을 납품한다. 매월 2억 원 어치 정도의 소모품을 납품하고 있으며, 그 수익률은 5% 정도라고 한다. 그렇게 평생을 소모품을 납품하고 산다. 좋은 대학을 나올 필요도 없고 고시공부를 죽어라 할 필요도 없고 고생하며 유학을 다녀올 필요도 없다. 젊은 나이에 우연히 정부기관에 소모품 납품기회를 만들었고, 그것을 인연으로 지난 30년간 일 년에 일억 원 정도의 고정적인 수익을 보장받고 있다. 개인사업자이고 성실히 세금도 낸다. 누가 물으면 사업하는 사장이라고 명함을 내민다. 하지만 신기술을 개발하지도 않고 그럴 필요도 없다. 회사 홈페이지도 없다. 경영철학이나 비전 혹은 미션이 있지도 않지만 누가 그게 무어냐고 묻지도 않는다. 제품을 자신이 생산하지도 않는다. 좋은 물건을 사다가 납품하면 된다. 거래처인 정부 기관의 구매담당 대리와 과장하고만 좋은 관계를 유지하면 된다. 신경 쓸 일은 단지 그것뿐이다. 인사이동이 있으면 전임자가 후임자에게 자신을 인수인계한다고 한다.

H씨는 특성화된 직업전문학교의 이사장이다. 작은 규모의 사설학원에서 시작해서 고생 끝에 이제 전문학교로 발전했다. 늘어나는 학생들을 수용하기 위하여 시설을 크게 늘려 이사했고, 그 축하행사에 초대를 받았다. H이사장은 이제 한국을 벗어나 세계로 나가고 싶다고 했다. 여성 특유의 섬세함과 친화력은 큰 경쟁력으로 보였다. 꿈이 무엇인지, 그리고 어떻게 이런 규모의 고등교육기관으로 성장 할 수 있는지 물었다. 대답은 간단하다. 닥친 일에 최선을 다했을 뿐이었다고 한다. 지금도 그렇지만 어떤 꿈을 갖고 있지 않았고, 따라서 미래의 어떤 사업계획도 없었단다. 학원이 본래 경영하기에 무척 까다로운 분야

이고, 그래서 남보다 더 열심히 학원 경영에 매달렸으며 수강생들에게 친절히 가족같이 대한 것뿐이란다. 누가 물으면 설립자의 철학, 이사장의 비전을 말해야 하는데 사실 그런 것이 없단다. 조그만 사설학원으로 시작해서 미용을 가르치다가 소문이 났으며, 교육청에서 관내 고등학교 학생들에게 무료로 직업교육을 해 주는 프로그램이 있는데 거기에 참여하게 되었단다. 그리고 그 학생들을 열심히 가르치다가 보니 전문학교 수준의 직업교육을 하는 교육기관으로 인정을 받게 되었다는 것이다. 처음부터 전문학교를 만들겠다는 꿈이 있었던 것이 아니라고 한다. 기술이 있었고 가르쳐 달라는 사람들이 있어서 하나둘 가르치다가 학원이 되었고 규모가 조금 커지고 체계적이 되니까 교육청 위탁 교육시설이 되었고 그 프로그램을 확충하다 보니까 특성화전문학교로 인정을 받게 되었다는 것이다. 계획을 세우느니 그 시간에 닥친 일에 최선을 다했다는 것이다. 그랬더니 그렇게 되었다는 것이다.

앞에 소개한 사례들은 우리 주변에서 흔히 만날 수 있는 사람들이다. 사장이지만 야망이 있거나 거창한 꿈을 가지고 있지는 않다. 그냥 아주 성실하고 담담하게 일상을 살아가고 있다. 우리 동네 한 커피숍은 동네 중학교 동창인 한 젊은 부부가 창업하였다. 결혼하고 처음엔 살 곳이 없어서 경기도 외곽의 한적한 곳에서 컨테이너를 살림집으로 신혼생활을 시작했다. 지금은 커피숍을 2호점까지 내고 아이들을 키우며 잘 산다. 창업을 하면서 누구나 사업계획을 세운다. 몇 년이 지나면 손익분기점에 도달하고 또 몇 년이 지나면 시장 점유율이 얼마가 되고. 회사의 가치는 얼마로 상승할 것이라는 등 계획은 구체적이고 논리적이면 더 좋다. 하지만 창업을 하면서 사업계획이 없어도 나쁘지 않다. 사장은 꼭 꿈을 꾸는 사람이 아니어도 좋다. 사장은 슈퍼맨이 아니어도 된다. 빌 게이츠나 마윈이 아니어도 된다. 에디슨이 될 필요도 없고, 우아한 형제들이 될 수 없어도 좋다. 인생은 참 다양하다. 사장이 그냥 경제활동인 경우도 있다. 사장이라면 야심차고 야망에 불타고 도전적이고 미래지향적이어야 할 것 같지만 그렇지 않은 경우도 많다. 사원일 뿐이다. 출퇴근길에 지하철이나 만원 버스에서 옆자리에 앉아 핸드폰으로 유튜브를 보고 있는 아주 평범한 일상의 사람들이다. 사장이 꼭 사업체를 만들어 규모를 키울 필요도 없다. 사업의 성장보다 스스로의 존재에 행복하다면 그 사람은 이미 성공한 인생이다. 성공한 사업가이다.

Decision Maker

사장은 결정하는 사람이다.
마음속에 미리 원칙을 정해두면 결정하는 데 도움이 된다.

창업을 할 것인가 말 것인가. 창업을 한다면 개인사업자가 될 것인가 아니면 법인사업자가 될 것인가? 법인으로 한다면 납입자본금은 얼마로 할 것인가? 주주는 어떻게 구성할 것이며, 사업장은 어디에 개설할 것인가? 사업체는 추후에 매각할 것인가 아니면 가업으로 자녀에게 물려줄 것인가, 또는 폐업을 할 것인가. 사업은 시작부터 끝까지 무수한 결정을 하여야 하며, 사장은 그 결정을 하는 주체이다. 사장이 다 잘할 필요는 없다. 사장은 한 가지만 잘 하면 된다. 사장은 결정을 내릴 수 있어야 한다. 사장이 되려 하는 사람, 다시 말해서 사업을 시작하려는 사람은 스스로를 잘 관찰하여야 한다. 내가 결정을 할 줄 아는가, 혹은 나의 결정은 늘 최선의 선택인가. 선택도 기술이다.

기업이 추구하는 것은 수익성과 지속성이다. 즉 사업은 이익을 내야 하고 유지되어야 한다. 결국 영원한 이익을 추구한다. 하지만 이것은 모순이다. 기업은 영원할 수도 없고 늘 흑자를 낼 수도 없다. 많은 기

사장학개론

업들이 때로는 적자를 내기도 한다. 신생 기업은 창업 3년 이내에 70% 이상이 폐업한다고 한다. 영원히 수익을 내는 것도, 영원히 생명을 잃지 않는 것도 불가능하다. 세상에 영원한 것은 없다. 기업도 유기체와 같아서 생장소멸한다. 이 와중에 사장은 매 순간마다 기업에 아주 적절한 결정을 하여야 한다.

나는 가끔 기업의 컨설팅을 의뢰받기도 한다. 의뢰인 즉 기업 대표의 어떤 결정을 도와주는 역할이다. 나는 이런 경우 가장 먼저 사장을 인터뷰한다. 사장의 창업정신, 경영철학, 기업의 미션과 비전을 청취한다. 회사는 지금 어떤 문제로 고민하고 있는지 파악한다. 그리고 회사의 조직도와 함께 업무 매뉴얼을 검토한다. 회사의 조직과 업무분담은 사장의 꿈을 실현하기에 효과적인 구조인가 확인한다. 각 보직들에게 권한과 책임은 적절하게 분배되어 있는지 평가한다. 그리고 각 조직의 관리자들을 면담한다. 관리자는 업무 내용을 잘 이해하고 있으며, 조직을 장악하고 규율하며, 사장의 결정을 실현하기에 문제가 없는가를 확인한다. 그리고 그 결과를 사장에게 리포트 한다. 많은 회사들이 실무로부터 정보의 상달과 그 정보를 바탕으로 생산된 회사 방침의 하달이 원활하지 않았다.

건강한 기업이라면 말단 사원의 창의적 아이디어가 사장의 테이블에 올라갈 수 있어야 하고, 사장의 지시사항은 말단 사원에게까지 수정 없이 전달되어야 한다. 사장의 결정 못지않게 그 결정이 성공적으로 집행되는 것도 중요하지만, 역시 사장의 결정이 정확하고 바른 것이어야 함은 두말할 나위가 없다. 즉 기업은 사장의 결정을 집행하기에 효율적인 구조를 갖고 있어야 한다.

사장은 결정하는 사람이다. Decision Maker이다. 사장이 잘못된 결정을 하거나 제때 결정을 하지 못하면 회사는 어려워질 수 있다. 하지만 나는 사장뿐 아니라, 인간의 모든 결정에 대하여 막연한 신뢰가 있다. 야구 경기에서 투수의 손을 떠난 공이 포수의 글러브에 도착하기까지 걸리는 시간이 0.3초 정도라고 한다. 유능한 타자는 그 0.3초 사이에 공을 던지는 투수의 의도를 파악 내지 예측하고, 그 공의 구질을 분석하고 그리고 배팅을 제어하여서 그 공이 도착할 것으로 예상되는 삼차원 공간에 정확하게 야구 배트를 갖다 놓아야 한다. 이 모든 일들이 단 0.3초 사이에 이루어져야 한다.

의류매장에서 유능한 판매사원은 가게에 들어온 손님의 시선과 몸짓에 대한 관찰로 이 손님이 아이쇼핑 중인 고객인가, 물건을 구매하기로 결정하고 살 물건을 헌팅 중인가 아니면 구체적으로 구매할 물건을 이미 결정하고 그 가격과 품질을 저울 중인가를 한눈에 구별할 수 있다고 한다. 판매자만 그런 것이 아니다. 구매자도 매장에 들어서는 순간에 빠른 속도로 매장 안에 진열된 물건들을 스캐닝하고 그 진열된 상품 가운데 사고 싶은 물건이 있는지, 어떤 물건을 구매할 것인지 결정한다고 한다. 그 시간 역시 0.3초에서 그리 다르지 않다고 한다. 구매자는 맘에 드는 옷을 정하고도 매장 판매원이 추천하는 다른 옷들을 이것저것 입어보지만, 결국엔 처음에 결정한 것을 구매한다는 것이다.

감성인가 이성인가. 인간의 결정에 영향을 주는 것은 직관인가 아니면 분석인가, 많은 심리학자들은 인간의 결정을 감정의 산물로 정리하는 데 동의한다, 직관이다. 어떤 사람을 처음 보고 그 사람이 호감인가 비호감인가를 결정하는 데 걸리는 시간은 0.3초에서 그리 크게 벗어나지 않는다고 한다. 먼저 감성이 결정하면 이성은 그 결정이 옳았음을 설명하는 논리를 만들어 낸다는 것이다. 그리고 인간의 그 결정은 늘 합리적 선택이란 설명이다.

나는 어떤 결정들에 대비하여, 미리 원칙을 정해둔다. 그것은 수학의 공식 같아서 어떤 경우에도 빠르고 안전한 결정을 하는 데 도움을 준다.

예를 들면 아이스크림을 고르는 것은 정말 힘든 일이다. 먹음직스러운 다양한 종류의 아이스크림은 모두 자기를 선택해 달라고 유혹하는 듯하다. 아이스크림의 이름은 왜 또 그렇게 철학적인지, 마치 남국의 어느 해변 리조트 라운지 바의 칵테일 메뉴 같다. 난 아이스크림은 '체리 쥬빌레'만 먹는 것을 원칙으로 한다. 그렇게 정해 놓으면 일분일초가 아까운 해외여행 중에 아이스크림을 고르는데 드는 시간을 획기적으로 줄여 준다. 또 아이스크림을 잘못 선택하여 인상을 쓰는 일을 방지해 준다. 체리 쥬빌레는 체리 열매를 즙을 내서 아이스크림에 첨가하는가, 잘게 썰어서 첨가하는가의 차이가 있을 뿐 세계 어느 나라에 가도 아이스크림 가게에는 거의 다 있다.

원칙을 정하는 것은 해외 법인의 지사장을 선정하는 것 같이 중요한 경우에도 도움이 된다. 지사장은 현지 법인의 유지관리 업무와 수행 중인 프로젝트의 지원 그리고 신규 사업진출 등의 업무를 기타 본사의 지시사항과 함께 잘 이행하여야 한다. 해외 지사장은 한국에서 선임해서 파견하거나, 현지 한국교민 중에 선임하거나, 혹은 현지인 중에서 선임하는 방안 등이 있을 수 있고, 예상되는 경비와 업무의 효율성 등을 감안해서 결정하여야 한다. 각각의 장단점이 있다. 지사장은 현지 사업의 성공 여부에 많은 영향을 준다. 매우 신중히 결정할 일이다. 그러나 미리 사전에 원칙을 정하면 성공적인 결정에 도움을 준다. 해외 법인 지사장은 현지인 가운데 선임하는 것을 원칙으로 정해 놓으면 고민의 시간을 절약할 수 있다. 국내에서 선임하여 파견하는 방안은 고려하지 않아도 된다. 현지에서 지사장을 물색하면 시간과 노력을 줄일 수 있다.

기업은 사장의 그릇만큼 성장한다. 만일 기업이 사장의 능력보다 더 성장하면 그것도 화근이 된다. 그것은 사장의 결정능력과 관련이 있다. 사장은 결정하는 사람이다. 창업 또는 관리자가 되려면 먼저 자신을 점검해 보아야 한다. 나는 결정을 잘 하는가? 하지만 크게 걱정할 필요는 없다. 사람은 누구나 합리적인 결정을 할 능력을 본능처럼 갖고 있기도 하다. 또는 누구나 한 개쯤 엉망진창의 결정을 하고 평생을 그 후회 속에 살기도 한다. 사장도 그렇다.

5W1H

> 육하원칙은 좋은 문장에 꼭 들어가야 하는 요소들이지만,
> 계획을 세우거나 분석을 할 때도 체크리스트로 요긴하게 쓰인다.

언제(when), 어디서(where), 누가(who), 무엇을(what), 어떻게(how) 그리고 왜(why)는 보고서나 기사나 그런 문장들을 만들 때의 체크리스트이다. 빠지면 안 되는 필수 요소들이다. 사실 언어학적으로 문자는 언어이고 언어의 기능은 사상과 감정을 전달하는 것이다. 사상과 감정을 충실히 전달하였다면 그 문장의 맞춤법이나 띄어쓰기 등이 조금 틀렸다 하더라도 그게 그렇게 큰 문제는 아니다. 맞춤법이나 띄어쓰기 등 문법적으로 완벽하지만 육하원칙을 충족하지 못한 문장과 문법적 요구에 완전히 부응하면서도 육하원칙 가운데 하나라도 빠진 문장 가운데 어느 것이 더 좋은 문장인지 고르라고 한다면 당연히 문법적으로 부족하지만 육하원칙에 충실한 문장이다. 이것은 형식과 내용의 문제일 수도 있지만, 언어는 살아있는 생물 같아서 늘 변한다는 점도 고려가 되어야 한다. 지금의 문법이 과거의 문법과 다르고 역시 미래의 문법은 현재의 문법과는 다를 것이다. 문법엔 절대선이나 불변의 원칙이 없다.

시간이 흐르면 변한다. 하지만 5W1H는 세월이 흘러도 변하지 않는다. 육하원칙이란 단어가 귀에 쏙 들어오는가 아니면 5W1H가 더 익숙한 가도 한번은 짚고 넘어갈 일이다. 육하원칙은 한자어이고 5W1H는 영어이다. 영어와 한자어가 우리사회에 차지하고 있는 자리가 각각 다르기 때문이다. 식사를 하고 음식점을 나서면서 또 오시라는 인사에 대한 답례로 감사합니다와 땡큐는 느낌이 다르다.

5W1H는 외국에서 더 폭넓게 활용된다. 이 5W1H는 이미 좋은 문장의 구성요소라는 본래의 쓰임새를 넘어서서, 사업계획서 또는 제안서의 작성이라든가 사업의 평가 그리고 주장이나 논리를 검증하는 정성평가의 방법으로까지 널리 사용되고 있다.

창업의 길목에서 사업계획을 작성하거나 점검하는데 5W1H만한 도구도 흔하지 않다. 여기서 왜(why)는 사업의 목적이다. 사업을 왜 하는가에 대한 대답이다. 많은 사람들이 돈을 벌거나 부자가 되기 위하여 사업을 한다. 하지만 사업을 한다고 다 부자가 되진 않는다. 성공보다 실패의 경우가 훨씬 더 많다. 또한 성공과 실패의 기준도 사람마다 다다르다. 사업보다 더 소중한 것이 사장의 인생이다. 그리고 사업의 성공보다 더 중요한 것이 사장의 행복이다. 사업을 왜 하는가에 대한 개념의 정립이 사업을 시작하면서 가장 우선해야 할 개념이다.

어떻게(how)는 방법(methodology)이다. 사업을 왜 하는가를 정했다면 그 목표를 어떻게 달성할 것인가 하는 질문에 대답도 설정해야 한다. '왜'가 미션(mission)이라면 어떻게는 비전(vision)이다. '왜'가 사명이나 목적이라면 '어떻게'는 그 사명이나 목적을 이루기 위한 미래상이다. 예를 들자면 한국국제협력단(KOICA)의 미션은 '누구도 소외받지 않는 사람

사장학개론

중심의 평화와 번영을 위한 상생의 개발협력'이다. 그리고 비전은 '글로벌 사회가치를 실천하는 대한민국 개발협력 대표기관'이다.

누가(who)는 사업의 주체와 객체에 대한 정리이다. 미션과 비전의 성취를 위하여 어떤 사람들이 중심이 되어서 사업체를 구성할 것인지 또는 사업의 대상 즉 소비자는 누구로 할 것인지 분석하고 특정해야 한다. 사업의 대상을 누구로 하는가에 따라서 사업은 달라진다. 삼성 핸드폰이 최신 스마트 폰만 있는 것이 아니다. 두바이 면세점에는 노키아나 중국산 제품과 나란히 삼성의 저가 폰들이 진열되어 있다. 이동전화를 위한 인프라가 우리는 5G이지만 아직도 2G나 3G에 머무르고 있는 지역들도 많다. 이런 지역을 시장으로 한다면 굳이 비싼 5G 스마트 폰을 공급할 이유가 없다. 사실 이런 계층은 많다. 최상위 소비자는 까다롭다. 시장진입도 어렵다. 차하위 소비자를 노리는 비즈니스도 필요하다.

언제(when)는 환경이다. 사업의 환경이나 상황이 여기에 해당 될 수 있다. 지금이 가장 적합한 시기인가. 또는 미래 전망은 어떠한가 등에 대한 분석이다.

어디(where)는 장소이다. 이 요소는 주된 사업장의 선정에서부터 주요 사업대상지역 등등의 공간에 대한 점검이다. 언제(when)가 시간적 공간에 대한 점검이라면 어디(where)는 물리적 공간에 대한 사업 환경의 검토이다.

무엇(what)은 사업을 형성하는 가장 기본적인 질문이다. 무엇을 할 것인가 결정하는 것은 매우 신중해야 한다. '무엇'으로 시작하는 질문에 대한 대답은 근본적으로 상황에 대한 정확한 이해가 뒷받침 되지 않으면 할 수 없다, 따라서 스스로 끊임없이 무엇이라는 질문을 스스로에게 던지고 그 대답을 위한 자료수집과 조사 그리고 점검과 검토가 있어야 한다.

　나는 어떤 문제에 봉착하여 생각을 정리하거나. 사태를 파악하거나 대책을 마련할 때 이 5W1H를 많이 인용한다. 사장직을 수행하는데 실무에서 많은 도움이 되었다. 제안서나 보고서 작성에도 이 요소들이 마일스톤이 되어 주어서 큰 실수를 예방해 주었다. 사장으로 가는 길목에서 5W1H에 입각한 사고의 습관은 논리적이고 객관적인 사장이 되는 데 있어서 두고두고 요긴하게 나름대로의 역할을 해 줄 것이다.

리더형인가
참모형인가

사장은 리더형과 참모형으로 나눌 수 있다.
각자 자기 특성에 맞는 리더십을 개발해야 한다.

문학에서는 소설에 등장하는 인물들의 성격을 햄릿형과 돈키호테형으로 나눈다. 햄릿은 생각이 많은 사람이다. 살 것인가 죽을 것인가 그것이 문제라며 끊임없이 사유하고 고민한다. 그에게 결론은 쉽게 도출되지 않는다. 하지만 돈키호테에게 사색은 사치이다. 먼저 실행하고 나중에 생각한다. 비록 늙고 야윈 말이지만 그에겐 그가 타고 있는 말이 명마이다. 풍차를 향해 돌진하는 명쾌함, 어마어마한 실천력이다. 문학이 햄릿형과 돈키호테형으로 모든 인류의 성격을 양분하여 분석하려 한다면, 사장학에서는 인간을 리더형과 참모형으로 나누어도 크게 무리가 없을 듯하다. 리더형 인간은 결정하는 인간형이다. 참모형 인간은 그 결정을 집행하는 인간형이다.

난 많은 사람을 만나 보았지만 내가 만난 사람들 가운데 자신을 리더형인지 참모형인지 정확히 알고 있는 사람은 그리 많지 않았다. 스스로 생각하는 자신의 유형과 객관적인 자신의 유형 사이에는 참으로 많은 차이가 있음을 보았다. 스스로 자신을 리더형이라고 믿고 있고 그렇게 말하지만, 객관적으로 그 사람은 참모형에 더 가깝다는 느낌을 받는 경우도 많았다.

과거 우리의 전통적인 가정은 남자인 가장이 리더이고 여성인 부인은 참모이길 원했다. 가정 권력은 리더인 가장에게서 나왔다. 여성은 복종적인 참모의 모습이 미덕이었다. 가장인 남편이 부인에게 의존적일 경우 팔불출로 규정되어 비난을 받았다. 가정뿐만 아니라 사회와 정치는 남성 리더들에 의하여 결정되었고 여성은 그 결정에 복종하여야 하였다. 하지만 이는 엄청난 모순을 숨기고 있거나 혹은 현실을 무시한 사회였다. 실제로 남성 가운데도 참모형이 많고 여성 가운데도 주체 못 할 리더형들이 많다. 단지 성별로 리더와 참모의 역할을 규정하려 했던 시도는 무의미했다. 참모형 인간과 리더형 인간은 성별에 따라 결정되지 않는다. 나는 결혼을 앞둔 분들, 혹은 이미 결혼을 하여 가정을 이룬 분들에게도 마찬가지이지만, 자신과 배우자의 성격을 냉정히 한번 점검해 볼 것을 권한다. 리더형이지 않은 가장들이 단지 가장이란 이유로 가정의 리더의 역할을 고집하다가 가정 전체가 어려움에 처하기도 한다. 혹은 리더형의 부인이 가정 안에서 참모의 역할에 만족하지 못하고 불행해하기도 한다. 가정은 리더와 참모가 각각 한 명씩 있으면 이상적이다. 그러나 그렇지 못한 경우, 즉 부인과 남편이 모두 리더형인 경우나 둘 다 참모형인 경우는 양측 모두 다 많은 이해와 노력이 필요하다.

P사장은 엔지니어 출신이다. 엄격하고 철저한 성격이다. 가부장적인

사장학개론

분위기이다. 성실하게 직장을 다니다가 한 상업성 있는 제품을 개발하였다. 그는 회사를 퇴사하고 창업을 하였다. 인건비도 줄일 겸 부인과 함께 사업을 시작하였다. P씨는 제품을 만들고 부인은 제품을 파는 역할이었다. 그 부인은 물건을 파는 데 소질이 있었다. 대기업과 정부기관에도 납품을 하게 되었다. 사업은 순조로웠다. 사업은 자연스럽게 판매를 담당한 부인이 주도하게 되었다. 그런데 생산을 담당한 P사장과 판매를 담당한 부인 사이에 마찰이 생기기 시작했다. 남편이 부인의 영역에까지 사사건건 간섭을 한다는 것이다. 부인의 태도가 변하기 시작하더니, 급기야 P씨에게 회사에서 나가 줄 것을 요구했다. 사업은 생산보다는 판매이다. 판매만 할 수 있다면 생산은 외주로 조달할 수도 있다. 사업은 이미 판매를 담당한 부인이 장악하고 있는데, P씨는 회사에서조차 가장이고 리더이고 싶어 했던 것이다. 부인은 그런 P씨가 사업에서 손을 떼는 것이 회사와 임직원 모두에게 행복한 선택이란 설명이다. P사장은 결국 사업 전체를 부인에게 양도하고 이혼하였다. 가족 간에 리더형이 아닌 사람이, 단지 가장이란 이유로 리더의 역할을 고집하면서 발생한 아주 불행한 사례 가운데 하나이다. 자신이 참모형임에도 스스로 리더형으로 착각한 결과이다.

요즘 개발된 인적성 검사들은 사람들의 내면세계와 무의식에까지 침투하여 숨어있는 성격과 성품을 조사해 낸다. 기업은 임직원의 성향을 조사하고 그 결과에 따라서 가장 적합한 부서에 배치하여 업무를 수행하도록 함으로써 생산성을 높이려 한다. 유능하면서도 조직에 잘 어울리는 성격이 있고, 능력이 탁월하지만 조직에 잘 어울리지 못하는 성격이 있다. 개인에게 부과된 업무는 정말 잘 하는데, 남들과 협업에 성과가 좋지 않은 사람도 있다. 기업은 이런 리더형 인간과 참모형 인간형을 구별하는 데 더욱 적극적이고 전문적이 되고 있다. 사장은 직원들의 성격과 성향을 파악하고 분석하여 경영에 활용할 수 있어야 한다.

햄릿형 인간과 돈키호테형 인간이 조화로워서 문학이 문학이듯이, 리더형과 참모형의 사람들이 모여서 세상을 세상답게 만든다. 어느 인간형이 우월하고 어느 인간형이 열등하지 않다. 혹자는 노력하면 성격이 변화한다고 한다. 습관이 바뀌면 인생이 바뀐다고도 한다. 하지만 사람이 그리 쉽게 바뀌지 않는다. 사장의 길목에서, 우선은 편견 없이 자신을 평가하는 기회를 갖는 것은 필요하다. 업종이나 업역 그리고 사업의 형태에 따라서 요구되는 사장의 전형이 다를 수도 있다. 자신이 리더형이면 리더형 사장의 모델을, 그리고 참모형이면 참모형 사장의 모델을 스스로 개발하면 될 것이다. 사장도 사람이기 때문이다.

다양성에 대하여

지문이 같은 사람은 없다. 업무 스타일과 성과가 같은 사람도 없다.

1977년 짐 픽스가 『달리기에 관한 모든 것』이라는 책을 출간하자 미국은 조깅 열풍이 불었다. 짐 픽스는 서른여섯 살에 달리기를 시작하였다. 달리기로 몸무게를 자그마치 26㎏이나 감량했다. 그는 건강과 무병장수의 대명사처럼 여겨졌다. 그의 책에 매료된 사람들은 공원, 강변, 마을에서 달렸다. 달리면서 짐 픽스처럼 건강해지기를 소망했다. 그러나 정작 짐 픽스가 쉰두 살이라는 아까운 나이에 숨을 거두자 사람들은 허탈해했다. 짐 픽스의 사인은 심장마비였다. 심장을 튼튼하게 하려고 달리기를 하다가 그만 심장이 멎은 것이다. 달리기가 모든 사람에게 다 좋은 것은 아니다. 달리기가 어떤 사람에겐 심장을 튼튼하게 하는 보약과도 같은 것이지만, 어떤 사람에겐 심장마비를 가져와 목숨을 빼앗아 가기도 한다. 개인마다 차이가 있다. 사람은 얼굴이 다르고 지문이 다르듯이 체질과 체력도 다 다르다.

같은 질병으로 수술실에 들어간 두 환자 가운데 한 명은 살아나와 건강하게 남은 인생을 즐기고, 다른 한 명은 싸늘한 주검으로 수술실을 나오기도 한다. 고층건물의 승강기에 함께 탔다가 그 승강기가 지상 50층에서 고장이 나는 바람에 그 승강기에 갇혔던 두 사람 가운데 한 사람은 그 트라우마로 평생을 폐쇄공포에 시달리고, 다른 한 명은 언제 그랬냐는 듯이 멀쩡하기도 하다. 같은 홍삼을 먹고 어떤 사람은 그 독성에 간이 망가지고, 어떤 사람은 망가졌던 간이 홍삼의 효능으로 되살아나기도 한다. 그 원인은 모든 인간 개체가 서로 다르기 때문이다. 사람마다 유전자가 다르고 그 염기서열이 다르기 때문이다. 사람은 다 다르다. 똑같은 사람은 한 명도 없다.

건강 백세를 추구하면서 일본의 한 변기회사는 배설물로 개인의 신체정보를 수집하고 분석하는 기술을 개발했다고 한다. 아침에 일어나 변기에 변을 보면 그 변기가 소변과 대변을 분석하고 당일의 건강 지수들을 작성하여 보고하는 기술이라고 한다. 이 개인 맞춤형 건강 체크 시스템은 오랫동안 개개인의 각종 자료를 지속적으로 측정하여 축적하고 그것을 기준으로 매일 매일의 상태를 비교 분석함으로써, 집단의 통계가 아닌 개개인의 통계를 제공하여 준다고 한다. 이 정보에 따라서 개인 맞춤형의 의료서비스가 가능해졌다고 한다. 세상에 똑같은 사람은 없다. 그래서 같은 질병이나 같은 증상에 대한 처방도 사람마다 달라야 함은 당연하다. 사람마다 다른 이 기초 정보들을 분석하고 제공해서 질병이 발생할 경우, 가장 적합한 처방을 내리도록 도움을 주는 산업인 것이다. 기본적으로 모든 사람은 각각 독특한 체질과 기준을 갖고 있다는 개념을 바탕으로 한 맞춤형 서비스이다.

사람뿐 아니다. 장마철에 아우성치며 쏟아지는 장맛비의 그 무수한 물방울 가운데 질량이나 부피가 같은 빗방울은 하나도 없다고 한다. 역시 겨울밤을 낭만으로 수놓으면서 소담스레 소리 없이 내리는 함박눈의 그 무수한 눈송이 가운데 질량이나 부피가 같은 눈송이는 없다고 한다. 북미 로키산맥을 풍요롭게 장식하는 그 무수한 침엽수들 가운데 모양과 크기가 같은 나무는 하나도 없다고 한다. 세상은 다양하다.

1940년대 미국 공군은 심각한 문제에 봉착하게 된다. 비행기의 성능은 비약적으로 개선되는데 조종사의 조종술이 이를 따라가지 못하는 것이다. 제트 엔진의 개발로 비행기 속도는 엄청나게 증가하는데, 조종사가 이 속도를 제대로 제어하거나 활용하지 못하는 것이다. 미국 공군은 이 문제의 원인을 찾다가 조종석에 관심을 갖게 된다. 조종석이 조종사가 자기 능력을 최대한 발휘하기에 인체공학적이지 못하다는 결론에 도달한다. 그리고 조종석 의자 개선 사업에 착수한다. 문제는 1926년에 만들어진 전투기 조종석의 표준이었다. 이 표준은 조종사 약 4천 명을 대상으로 앉은키와 팔 길이 눈높이 등 무려 140개 항목을 조사해서 그 평균을 낸 것이었다. 그런데 이 조종석이 효율적으로 비행기를 조종하기에 적합하지 않았다는 것이었다. 조사해 보니. 그 평균치에 부합하는 조종사는 단 한 명도 없었다. 결국, 4천 명에 대하여 무려 140개 항목을 조사하여 조종석의 표준을 정했는데, 그 표준에 맞는 사람은 단 한 명도 없었던 것이다. 평균의 배신이다.

세상은 정의하기를 좋아한다. 통계를 신뢰하며 평균에 의지한다. 그러나 정의나 평균이나 통계는 실체를 인식하는 데 별 도움이 되지 않을 때가 많다. 이렇게 하면 사업이 성공한다든가 또는 이렇게 하면 인생이 달라진다는 수많은 정보나 주장은 그저 참고일 뿐이다. 어떤 성공의 방식이 그 사람에겐 통했지만 나에게 안 통할 수도 있고 또는 어떤 사람이 실패한 방식이 나에겐 성공의 열쇠가 되기도 한다. 사람이 다르고 인생이 다르기 때문이다.

사장은 그 다양성을 인정해야 한다. 세상을 남의 눈이 아니라 내 눈으로 바라보고, 나만의 독자적인 색깔로 세상을 그려낼 수 있어야 한다. 고정관념을 버려야 한다. 세상을 처음으로 바라보는 어린아이의 호기심 어린 눈망울을 잃지 말아야 한다. 라오스에는 프랑스 식민시절에 프랑스가 만든 지하자원 분포도가 보물지도처럼 전해져 내려온다. 라오스와 베트남 사이의 산악지역을 중심으로 금이며 구리며 심지어 다이아몬드까지 각종 지하자원이 표시되어 있다. 그 가운데 어떤 것은 이미 광산이 개발되기도 하였지만, 대부분은 아직까지 가능성으로 존재한다. 땅속의 일은 누구도 장담하지 못한다. 한 구리광산은 3명이나 주인이 바뀌었다. 투자자마다 구리를 찾지 못하고 투자액을 다 날린 것이다. 그런데 어떤 투자자가 그 광산에 또 투자를 했다. 이미 여러 차례 실패한 곳이라 세상의 별 관심을 끌지 못했다. 그러나 그 마지막 투자자는 기존 실패한 투자자들이 시추한 바로 옆에서 단 한 번의 시도로 구리광산을 발견하였던 것이다. 뿐만 아니다. 구리광산 인근에는 금광이 있는 경우가 많다고 한다. 그 구리광산에서 멀지 않은 곳에서 금광도 발견이 되었다. 남이 성공한 길이 나에게도 성공의 길이 아님은, 남이 실패한 길이 나에게도 실패의 길이 아님과 다르지 않다. 남들이 세 번이나 실패한 곳이라고 그냥 지나쳤으면, 그 구리와 금은 지금도 주인을 만나지 못한 채 그냥 땅속에 묻혀 있었을 것이다. 사장은 사회와 상식이 강요하는 고정관념 혹은 제시된 정의나 통계, 표준 등에 회의하며 세상의 다양성을 인정할 수 있어야 한다.

개미와 배짱이

> 사장은 보호되어야 한다. 유사시에 가장 우선하여 도망가야 한다.

무더운 여름날, 개미는 열심히 땀 흘려 일하고 베짱이는 그늘에서 노래한다. 겨울이 온다. 여름에 열심히 일한 개미는 따뜻한 난롯가에 온 식구가 둘러앉아 여름에 땀 흘려 가꾼 곡식으로 행복하고, 먹을 것이 없어 배가 고픈 베짱이는 그 개미네 집에 가서 먹을 것을 구걸한다는 줄거리이다. 이 이솝 우화는 일할 수 있을 때 열심히 일하고 저축을 해서 일할 수 없는 날에 대비해야 한다는 원초적인 교훈을 준다. 이 우화는 근본적으로 세상에는 두 가지 유형의 사람들, 즉 열심히 일하는 사람과 그렇지 않은 사람이 있는 것으로 설정한다, 그리고 그 인간형들을 대립시킴으로써 갈등 관계를 형성하게 하고 마침내 개미를 선으로 베짱이를 악으로 규정하여 교훈을 구성한다. 일하는 것은 좋은 것이다. 남들이 일할 때 노는 것은 분명 나쁜 것이다. 여기에 이론은 없다. 하지만 그것이 사장이라면 이야기는 달라진다.

네팔은 인도와 비슷한 점이 많다. 사람들 생김새도 그렇고 종교도 그렇고 사회 분위기도 그렇다. 인도의 카스트제도는 네팔에도 있다. 네팔의 한 시골마을에서 브라만을 만난 적이 있다. 네팔에서 만난 브라만은 그리 품위가 있거나 외모가 다르거나 또는 독특한 분위기를 갖고 있어 보이진 않았다. 주변에서 브라만이라고 소개해 줄 때까지 난 그 사람이 브라만인 줄 몰랐다. 그분에게 난 당신에게서 카스트제도의 정점에 있는 신분상의 특징을 찾지 못했다고 했더니 그분은 나에게 브라만에 대하여 설명해 주었다. 브라만은 성직자나 학자 계급이다. 육체노동을 하지 않는다. 브라만의 특징은 글자를 읽고 쓸 줄 안다는 것이다. 책을 가까이한다는 것이다.

네팔은 전통적으로 문맹률이 높다. 도시를 벗어나면 사람들은 일반적으로 척박한 고산지대에 흩어져서 산다. 보통사람들이 평생에 글자를 읽고 써야 할 일이 별로 없다. 일반인이 글씨를 써야 할 때는 출생신고서나 혼인신고서 그리고 사망신고서를 작성할 때 정도이다. 그 정도의 문자사용을 위하여 몇 년 동안을 먼 곳에 있는 학교에 다니면서 글자를 배우는 것은 경제적이지 않다. 그래서 문맹이 많다. 브라만은 이들을 위하여 문서를 대신 작성해 준다고 한다. 아이들이 취학 통지서를 받으면 그것을 대신 읽어주고, 집을 사면 계약서를 또는 돈을 빌리면 차용증을 작성해 준다고 한다. 브라만은 남들이 벌판에 나가 일할 때, 일하지 않고 공부한다. 브라만은 노동에 참여하지 않는 계급이다. 베짱이처럼 개미가 노동에 땀을 흘릴 때 나무 그늘 아래에서 유유자적하게 책을 읽는 부류이다.

노동에 참여하지 않는 계급은 또 있다. 예술의 기원은 제천의식이라는 설이 유력하다. 소위 발라드 댄스설이다. 마을사람들이 일 년 농사

사장학개론

를 끝내고 모두 모여서 함께 그간 노고를 위로하면서 춤추고 노래하고 놀았는데, 그 몸짓이 무용이 되고 가사가 문학이 되고 곡조가 음악이 되었다는 가설이다. 여기에 부가하여 잉여 노동설이 설득력이 있다. 오래전부터 인간에겐 노동에 참여하지 않는 노동력이 있었으며, 이 남아도는 노동력 즉 잉여 노동력이 예술과 학문을 성립시키고 발전시키는 주체였다는 가설이다. 이 잉여 노동력, 즉 남들이 먹고 살기 바쁠 때 일하지 않는 계급들이 할 일이 없으니까 노래를 하고, 시를 짓고, 이야기를 만들고, 별을 관찰해서 인류를 이롭게 하였다는 것이다. 개미들이 땀 흘려 일할 때 그늘에서 노래나 하던 베짱이들이다. 이 잉여의 노동력이 노동에 적합하지 않은 약자였는지 아니면 관리자였는지 또는 지배계급이었는지는 확실하지 않지만 분명한 것은 생산에 참여하지 않는 사람들이 있었고, 이 사람들도 나름대로 인류의 발전에 기여를 해 왔다는 것이다.

노동에 참여하지 않을 뿐 아니라 위급한 상황에 가장 먼저 보호받아야 하는 사람들이 존재한다. 나는 선조대왕이 이순신 장군과의 대립 과정에서 저평가되었다는 느낌을 갖는다. 많은 사람들이 선조가 백성과 조정을 버리고 몽진을 떠난 것을 비난한다. 하지만, 선조가 임진왜란 중에 가장 잘한 것이 도성을 버리고 피난을 간 것이다. 전쟁을 막지 못한 것이나 전쟁을 초기에 승리로 이끌지 못한 것은 비난받아 마땅하지만, 도성을 버리고 피난을 간 행위는 절대 비난의 대상이 될 수 없다. 만일 선조가 피난을 가지 않았을 경우에 대한 결과를 유추해 보면 그것은 더욱 자명하다. 지구상에서 조선은 사라졌을 것이고 대한민국도 없었을지 모른다. 선조의 피난을 가장 뼈아프게 아쉬워한 것은 일본 침략군이다. 그들은 선조가 도망가지 않을 것으로 예상하였다. 그래서 보급선이 길어지는 부담 속에서도 속전속결로 한양으로 쳐들어온다. 선조를 포로로 삼거나 죽임으로써 조기에 전쟁의 승리를 선언하기 위한 것이다. 하지만 선조가 예상을 깨고 피난길에 오르자 일본 침략군은 매우 절망하게 된다. 결국, 작전상 취약점이었던 부산에서 한양까지의 긴 보급선이 위협을 받게 되고 의병들의 공격 대상이 된다. 침략군은 바닷길로 호남을 우회한 보급로를 열어 보려고 하지만 이마저 이순신 장군에게 막힘에 따라 임진왜란 내내 고전을 면치 못하다가 뜻을 이루지 못하고 철군하게 된다. 선조에겐 죽기보다 더 치욕적인 피난이었을 것이다. 하지만 선조는 그 고난의 길에서 마침내 일본군을 몰아내고 전쟁을 승리로 마감함으로써, 국토를 보존하고 오늘의 번영된 조국을 있게 해 주셨다. 만일 선조가 용감하게 갑옷을 입고 칼을 빼 들고 군대의 맨 앞에 서서 적군을 향해 돌격했다면 어떻게 되었을까. 선조는 전사하고 지금 우리나라는 없었을지 모른다.

싸워야 할 사람이 있고 도망가야 할 사람이 있다. 임진왜란 동안에 전국 각지에서 무수한 의병이 일어나서, 뜻을 이루지 못하고 전장에 한 떨기 꽃잎이 되어 떨어졌다. 잊지 말아야 할 민족의 영웅들이다. 하지만 한 명의 병사가 아쉬운 조국 수호의 전선임에도 불구하고 전투에 참여하지 않는 사람들도 필요하다. 그래야 전투에 지더라도 그들이 살아남아서 전쟁을 승리로 이끌 수 있다.

인체의 신비도 그렇다. 아프리카 기아선상의 아이들 사진을 눈여겨보면 눈에 띄는 것이 있다. 아프리카 사람들은 외모가 강렬하다. 그 컬러풀한 이미지는 호소력이 있다. 구호 기관들이 선호하는 사진은 엄마

사장학개론

와 젖먹이 아들의 사진이다. 병든 아이는 축 늘어져 힘들게 엄마 품에서 안겨 있고 엄마는 아주 근심 어린 눈으로 그 아이를 바라보고 있다. 이 사진은 보는 사람의 마음을 움직여서 지갑을 열게 하기에 충분하다. 사람이 굶주리면 그동안 몸속에 저장해왔던 영양분을 불러내서 그것으로 생존을 위한 몸부림을 한다. 그래도 영양분을 섭취하지 못하면 결국은 사망에 이르게 된다. 그런데, 아프리카 기아선상의 어린아이들 사진을 보면, 몸은 굶주려 뼈와 피부만 앙상하게 남아있는데도, 의외로 머리는 정상처럼 보일 때가 있다. 단순히 그렇게 보이는 것이 아니라 사실이 그렇다고 한다. 인체는 비상시에 온몸의 모든 양분을 다 빼내어서 소진하지만, 사망에 이르기 직전까지 머리엔 정상적인 영양분을 공급한다고 한다. 머리를 정상으로 보존하여야 나중에 혹시 영양분이 공급이 될 경우에 신체를 정상으로 회복할 수 있다. 머리가 손상되고 나면 나중에 영양분이 공급되어도 사람이 정상으로 회복될 수 없기 때문이다. 따라서 인체는 나머지 모든 기관이 영양실조로 제 기능을 못 하는 상황 속에서도 머리엔 정상적인 영양분을 우선하여 공급하는 것이다.

사장은 도망가야 한다. 자존심이나 남의 눈치를 보지 말고 적군이 쳐들어오면 비굴하게 가장 먼저 도망을 가야 한다. 그래야 나중에 남은 임직원들과 회사를 재건할 수 있다. 현존하는 거의 모든 기업은 이런 과정을 겪어냈다. 수족이 다 영양실조에 피골이 상접하고 죽기 일보 직전이지만 사장은 윤택해야 한다. 기업은 망해도 사장은 망하지 말아야 한다. 그렇게 사장이 살아남아야 나중에 다시 회사를 일으킬 수 있다. 직원들이 납품 기일을 맞추느라 야근할 때 사장은 홀로 우아한 곳에서 격조 있는 저녁 만찬을 즐길 수도 있다. 그래야 만일의 경우, 납품 물량을 맞추지 못할 경유에 대한 대책을 세울 수 있다. 사장에겐 더 큰 책임이 따른다. 그 책임의 무게는 무겁다. 그래서 사장의 모든 특권은 본인 자신을 위함이 아니라 기업과 임직원의 행복 그리고 사회적 책임에 기초해야 한다.

위선자
·····················

사장이 어떤 사람인가와 어떤 사람으로 보이는가는 별개의 문제이다.

내가 첫 직장인 방송사에 기자로 입사하게 되었을 때이다. 그때 국비로 미국 하버드 대학 케네디 스쿨에 유학 중이던 한 선배가 나에게 장문의 손편지를 보냈다. 항공우편엽서에 꾹꾹 눌러쓴 긴 편지였다. 당시에는 아주 감동적이고 감명 깊게 읽었는데 막상 오랜 시간이 지나고 나니 지금은 다 기억이 나지 않는다. 하지만 아직도 나의 뇌리에 남아있는 구절이 하나 있는데, 그것은 '그 사람이 어떤 사람인가와 그 사람이 어떻게 보이는가는 전혀 다른 문제'라는 충고였다. 그 말은 사회에 첫발을 내딛는 사회 초년병에겐 다소 혼란스러운 것이었다. 그때는 이해하지 못하였다. 그리고 그 충고가 얼마나 현실적인 가치가 있는 것이었는지를 깨닫기까지는 많은 시간이 필요했다. 진짜 나의 모습과 다른 사람에게 보이는 나의 모습이 같을 필요가 없다면, 나는 가면을 쓰고 인생을 살아야 하는 것인가. 나의 진짜 모습은 가면 뒤에 숨기고 가식과 위선으로 사람을 대해야 하는 것인가.

사장이 직원들과의 회식자리에서 자제력을 잃고 술에 취했다고 하자. 정신이 몽롱하고 발음이 꼬이기 시작한다고 하자. 사장이 술에 취하면 함께한 임직원들의 머리는 여러 가지 생각들로 가득 차게 된다. 사장이 평소와 달리 술에 취한 저의가 무엇인지 고민할 것이다. 또는 사장이 취한 척을 하는 것은 아닌지, 취한 척하고 임직원의 속마음을 떠보려는 것은 아닌지, 맑은 정신에 하지 못할 말들을 꺼내려고 하는 것은 아닌지 긴장할 것이다. 만일 사장이 술에 취하여 요즘 같은 불경기에 회사를 꾸려나가는 것이 얼마나 힘든지 아느냐고 하소연을 한다면 그 소리를 듣는 임직원들은 슬퍼할 것이다. 드디어 올 것이 왔구나. 이제 회사가 어려우니 감원이나 감봉 이야기를 꺼내려 하는구나. 사장이 맨정신에 그런 말을 하기 어려우니 술의 힘을 빌리는구나 짐작하고 사장의 다음 말을 기다릴 것이다. 사장은 한 식구 같은 회사의 임직원들과는 술을 마시면서도 취하지 말아야 한다. 사장에겐 술에 취할 권리가 없다.

사람과 사람이 서로 속을 확 다 까발리면 친해질 수 있을 것 같지만 그렇지 않다. 사장과 직원 사이에서는 더욱 그렇다. 사장과 함께하는 회식에서 임직원은 술을 많이 마시지 않는다. 괜히 술에 취하여 사장에게 실수할 필요가 없기 때문이다. 때론 사장은 직원이 친구처럼 다정하기도 하다. 속을 터놓고 싶기도 하고 의지하고 싶어질 때도 있다. 하지만 사장은 임직원의 친구가 될 수 없다. 임직원은 사장의 친구가 되어 주지 않는다. 업무도 힘든데 사장 친구까지 되어줄 여유도 없을 것이다. 어느 선 이상 사장이 임직원에게 다가가면 그들이 매우 불편해한다. 직원은 직원이고 사장은 사장이다. 그 둘 사이에는 넘지 못할 깊은

사장학개론

강이 흐른다. 그래서 사장은 회식에 참석하거든 술을 적당히 마시고 술에 못 이긴 척 일찍 자리를 떠야 한다. 자리를 뜨기 전에 꼭 임직원 중 한 사람을 지정해서 회식의 안전을 부탁하고 금일봉을 남기고 떠나 주어야 한다. 어차피 사장이 순수해도 임직원들은 그렇게 받아 주지 않는다. 사장은 솔직한데 임직원은 그 솔직함을 왜곡하기도 한다. 사장에겐 순수보다 위선이 훨씬 쓸모가 많다. 사장이 정말 외로워도 임직원은 함께 해 주지 않는다. 사장은 내가 누군가를 솔직히 직원들에게 보여주기보다는 내가 어때야 하는가를 보여주어야 한다.

사장은 위선자가 되어야 한다. 거짓말쟁이가 되어야 한다. 그리고 그것은 궁극적으로 나를 위한 것이 아니라 회사를 위한 것이어야 한다. 사장은 화가 나지 않아도 필요한 때에 불같이 화를 내야 한다. 사장이 진짜로 화를 내면 사장의 자격이 없다. 사장의 분노나 사장의 갑질은 충분히 계산된 것이어야 한다. 사장이 순진한 것은 흠이 되지만 아무리 영악스러워도 지나치지 않는다.

군복무시절 나는 최전방 육군 3사단에서 근무했다. 전방 고지의 겨울은 일찍 찾아오고 늦게 떠난다. 야외활동이 용이한 봄부터 가을까지는 훈련을 주로 했다. 그리고 겨울엔 제설작업과 진지 보수작업도 했다. 그날은 아침부터 눈이 많이 내렸고 우리 중대는 할당된 도로의 제설작업에 투입되었다. 눈은 하루 종일 내렸다. 우리는 저녁도 못 먹고 날이 어두워진 다음에야 겨우 부대로 돌아올 수 있었다. 전방의 겨울은 해가 지고 나면 날이 금방 아주 추워진다. 전투복은 눈과 땀이 범벅이고, 눈에 젖은 전투화 안에 발가락이 따갑다. 소대장님은 이런 소대원들이 불쌍해 보였는지 편한 걸음으로 소대를 인솔하였다. 소대원들은 패잔병 같았다. 오와 열은 맞지 않고 민간인 걸음걸이였다. 그 때 지프차 한 대가 우리를 획 지나가다가 다시 돌아왔다. 대대장님이었다. 대대장님은 소대장님에게 뭔가 막 화를 내는 것 같았다. 소대장님의 '알겠습니다. 구보로 인솔하겠습니다.' 하는 복창소리가 들렸다. 소대장님은 소대원에게 구보를 명령했다. 춥고 배고픈데 뛰어가라고 한다며 소대원들은 불만이 충만했다. 뒤따라오는 대대장님의 지프차 불빛이 우리의 앞길을 환하게 안내해 주었다. 그 헤드라이트 불빛 따라 눈은 소담스럽게 내리고 있었다. 부대에 귀환한 뒤에 젖은 옷을 갈아입고 늦은 저녁을 먹었다. 대대장님께서 소대를 찾으셨다. 힘든 일과를 마치고 귀대하는데 편하게 걸어가는 꼴을 못 보고 구보하라는 대대장이 미웠지 않으냐고 위로하신다. 하지만 뛰라고 한 것은 동상과 감기를 예방하기 위한 것이었다는 것이다. 젖은 옷에 젖은 신발을 신고 눈길을 걸으면 감기와 동상에 걸린다는 것이다. 그래서 고생한 부대를 밤에 구보로 인솔하라고 명령했다는 것이다. 대대장은 소대장과 다르다. 소대장은 고생한 소대원들에게 돌아오는 길에 조금이라도 편하게 해주려고 했지만, 대대장은 그 온정이 결코 소대원에게 좋은 일이 아닌 것을 안다.

여학교 기숙사의 B사감은 정말 엄격하다. 질풍노도의 사춘기 여학생들을 전혀 이해하지 못한다. 특히 여학생들의 이성 교제에 대하여는 히스테릭한 반응이다. 남성은 비록 그 사람이 친척이라 하여도 면회가 허락되지 않는다. 그런데 어느 날부터 기숙사 여학생에게 오는 러브레터 한 개가 사라지는 것이다. 기숙사 여학생들은 어두운 밤에 사감 선생님 방에서 들리는 이상한 소리를 들었고 조금 열린 문틈으로 몰래 그 방안을 훔쳐본다. 사감 선생님은 그 훔친 러브레터를, 마치 자신이 그 러브레터의 주인공인 것처럼 감정을 섞어가며 소리 내어 읽고 있었던 것이다. 현진건의 소설 『B사감과 러브레터』의 줄거리이다. 그가 어떤 사람인가와 그가 어떤 사람으로 보이는가는 전혀 별개의 문제이다.

사람을 보는데 조심해야 할 것도 있다. 남자와 여자가 만나서 결혼에 이르게 되면 해피엔딩이다. 이 해피엔딩이 가능하게 하는 것은 사랑이라는 과정이 개입하기 때문이다. 만일 세상에 이성 간의 사랑이 존재하지 않는다면, 우리의 옛 풍습인 중매가 결혼의 방법일 것이다. 또는 우리나라의 보쌈이나 키르기스스탄 등에서와 같이 신랑이 신부를 납치하는 납치혼이 결혼의 과정이 될 것이다. 사랑에 의한 결혼은 사실 중매혼이나 납치혼보다 더 이성적이지 않다. 사랑 때문이다. 상대방이 객관적으로 보이면 그것은 그 사람을 사랑하지 않는 것이다. 누구를 만나고 나서 집에 왔는데, 함께 밥을 먹은 식당의 벽에 무슨 그림이 걸려 있었는지 정확히 생각이 난다면, 그것은 그 사람을 사랑하지 않는 것이다. 식당의 벽에 걸린 그림이 보이지 않아야 사랑에 빠진 것이다. 사랑을 하면 눈에 콩깍지가 씌워진다. 상대방 이외에 다른 것이 보이지 않는다. 세상에 상대방과 나 둘만 있는 것처럼 느껴진다. 어떤 사람이 객관적으로 보이지 않고 내 마음속의 이상형으로 보이기 시작하면 그것이 사랑에 빠진 것이다. 거짓말을 잘 하는 사람과 사랑에 빠지면 그 거짓말이 전부 사실처럼 느껴진다. 그리고 결혼을 하고 한참이 지난 뒤에서야 그것이 거짓말임을 알게 된다. 결혼은 사랑하는 사람과 하여야 한다고 말하지만, 사랑이 영원하지 않다는 것에 문제가 있다. 사랑이 식고 맑은 정신이 돌아오면 그때서야 상대방의 실체가 보이기 시작한다. 그러나 자연은 인간에게 그렇게 사랑하도록 프로그램을 입력해

놓았다. 인생의 묘미이다. 사랑이 개입되면 그 사람이 어떤 사람인가는 보이지 않는다. 그 사람이 어떤 사람인가와 그 사람이 어떻게 보이는가는 별개의 문제가 맞다. 사랑할 때 혹은 미워할 때 그렇다.

직원들은 나름대로 자신들이 바라는 사장의 모습이 있다. 실제의 사장을 보지 않는다. 자기 마음속에 설정한 사장을 본다. 사장이 직원에게 어떻게 보이는가와 사장이 어떤 사람인가는 별개의 문제이다. 사장은 늘 조신해야 한다. 직원들이 믿고 따를 수 있어야 한다. 그것은 사장을 위함이 아니라 직원과 회사를 위하여 필요하다. 사장은 위선자가 되어야 한다.

뻔뻔스러움과 비굴함

> 사장은 자기가 한 말이나 약속에 너무 집착하지 말아야 한다.
> 상황의 변화에 유연해야 한다.

골프 약속이 있는 날 아침에 비가 온다. 그런데 비의 양이 애매하다. 우비를 입고 우산을 쓰면 라운딩을 할 수 있을 것 같기도 하고, 그렇게 하기엔 빗줄기가 너무 굵은 것 같기도 하다. 더 큰 고민은 비가 그칠 것인가 아니면 더 올 것인가이다. 또는 비가 서울만 오는가 아니면 골프장이 있는 서울 외곽지역에도 오는가. 이른 아침에 골프가방과 보스톤백을 챙기면서 여러 가지 생각이 들 때가 있다. 동반자들 가운데 성질급한 사람이 먼저 문자를 보낸다. 대개 의견은 두 가지이다. 비가 조금만 와도 뭐 하러 비싼 돈 내고 고생하는가. 오늘 일정은 취소하고 후일 좋은 날을 도모하자는 의견과 무슨 소리인가, 우리나라에 못 믿을 것은 기상청 일기예보이다. 라운딩 약속은 본인 사망 이전엔 지켜져야 한다. 따라서 약속은 약속이다. 일단 클럽하우스에서 만나야 하고, 라운딩이 어려우면 해장국이라도 먹고 헤어져야 한다는 것이다.

모임은 주선하는 사람이 있기 마련이다. 몇 명이 특별한 이슈가 없이 그냥 만나기로 했을 경우에 누군가 한 사람은 적극적으로 약속시간을 정하고 장소를 물색한다. 무엇을 먹을 것인가도 관심사이다. 그런데 그 모임을 주선하는 사람의 태도는 크게 세 가지이다. 미리 며칠 전부터 만날 장소에 대한 정보를 핸드폰으로 보내 주면서 약속을 상기시켜 주는 사람이 있고, 당일 아침에 연락해서 상기시켜주는 사람이 있고, 전화나 확인은 없었지만 약속시간에 약속장소로 가면 거기에 앉아 있는 사람이 있다. 가끔은 당일 약속시간 직전에 불참을 통보하는 사람도 있다. 골프 약속은 일반적인 약속보다 더 경직되어 있다. 하지만 골프 라운딩이 예약된 날 아침에 비가 온다거나, 또는 예정된 일정에 다른 변수가 생긴다거나 할 때 새로운 결정을 해야 한다. 합리적인 선택을 해야 한다. 기존의 결정을 파기하는 손해와 새로운 결정에 대한 이득을 비교해야 한다. 이게 사소한 문제이면 변덕이라고 한다. 하지만 좀 큰 문제에 대하여 결정이 번복되면 변덕이 아니라 변절이나 배신으로 규정되기도 한다. 그리고 결정의 번복이 잦으면 변덕쟁이라고 한다. 근본적으로 신뢰에 상처가 생긴다.

　다리 아래에서 만나기로 했다. 오늘 밤이다. 그런데 초저녁부터 비가 내린다. 그냥 오는 게 아니라 억수로 내린다. 개울물이 불어나 소리치며 흘러간다. 가야 할 것인가 가지 말아야 할 것인가. 늘어난 유량과 유속은 당장이라도 다리를 무너뜨릴 기세이다. 미생은 결심한다. 가야 한다. 이것은 혹시라도 나를 만나러 왔다가 헛걸음질하고 돌아가는 그 여인의 비에 젖은 뒷모습이 안쓰러워 그런 것은 아니다. 나와 나 사이의 문제이다. 오늘 만나기로 한 나와 그 약속을 지켜야 하는 나. 그 둘

사장학개론

사이의 신뢰 문제이다. 가야 한다. 결국 미생은 그 빗속을 뚫고 개울로 간다. 그리고 다리 아래, 여인과 만나기로 한 그 약속장소에서 기다린다. 불어난 물길이 발목을 넘어 정강이를 지나 허리에 강하게 부딪쳐도 자리를 뜨지 않는다. 여인은 기다려도 오지 않는다. 여인은 약속을 지키지 않았지만, 미생은 약속을 지켰다. 약속을 안 지킨 여인은 살았고 약속을 지킨 미생은 죽었다. 오지 않는 여인을 기다리다가 물에 떠내려가 죽었다. 사람들은 이 이야기를 미생지신(尾生之信)으로 기억한다. 미생은 약속을 지켰지만, 결코 존경이나 추앙의 대상은 아닌 것 같다.

유능한 참모는 1안과 2안 그리고 3안을 정리해서 가져온다. 각각의 안에 대한 간략한 설명과 장단점을 비교 분석해서 결정하기에 쉽게 해준다. 참모는 결정하지 않는다. 참모는 리더에게 결정을 요청하면서 내심 그것을 즐기고 있을지도 모른다. 자신이 리더보다 더 현명하다는 믿음을 전제로 리더의 판단을 평가하고 있을지도 모른다. 모든 결정과 그 결정의 결과에 대한 공포를 사장에게 미루고 참모의 명패 뒤에 숨어 있을지도 모른다. 어떤 경우도 결국 최종 판단은 리더의 몫이고 그 결과도 전적으로 그렇다. 참모는 떠나면 그뿐이다. 최종책임은 사장이다. 문제는 상황이 늘 변한다는 것이다. 그리고 사장도 늘 그 변화에 능동적으로 변해야 한다는 것이다. 사장이 결정을 자주 번복하면 직원들이 습성에 젖는다. 지시를 이행하는 데 소극적이 된다. 또 바뀔 것인데 즉각 열심히 지시사항을 이행하지 않는 것이 유리하다는 경험이다. 그렇다고 사장이 어떤 결정을 하고 그 결정 이후에 상황이 변하였는데도 당초 약속을 고집하는 것은 더 나쁜 결과를 가져오게 할지 모른다.

사장은 결정하는 사람이다. 그리고 그 결정은 늘 옳아야 한다. 아울러 사장은 그 결정을 번복할 줄도 알아야 한다. 사장은 비 오는 날 다리 아래에서 오지 않는 여인을 기다리지는 말아야 한다. 약속을 깰 줄도, 변덕을 부릴 권리도, 지시를 번복할 자격도 있다. 사장이 결벽증이 있으면 안 된다. 실리를 쫓아 언제든 변해야 한다. 뻔뻔해야 한다. 비굴하지 않아도 된다. 사장의 권리이다. 결정할 권리가 있는 사람은 그 결정을 번복할 권리도 있다. 단지 그 이유를 나중에라도 임직원들에게 설명할 수 있는 경우라는 조건하에서 그렇다.

Chapter 2

사장의 품격

직원들은 사장의 잘못을 지적하거나 충고하지 않는다.
스스로 성찰하고 발전하지 않으면, 사장은 제멋대로 되기 쉽다.

업무상 혹은 비업무상 만나는 무수한 사람들의 얼굴이 내 얼굴이다.
사장의 품격은 타인의 인생에 대한 마음가짐이다.
타인을 바라보는 태도이다.

사장은 사원의 이름을 몰라도
사원은 사장의 이름을 기억한다

> 겨울이 지나면 봄이 온다. 사장은 추운 겨울에 따뜻한 봄을 꿈꾼다.

겨울을 이기고 봄이 왔다. 봄은 생명이고 겨울은 죽음이다. 혹은 빛은 어둠을 이긴다. 낮이 밤을 이긴다. 이런 종류의 관용적 표현은 이미 나의 사고와 관념을 지배하고 있다. 하지만 이 말들은 사실상 틀린 말이다. 봄이 겨울을 이긴 것이 아니다. 봄은 겨울과 싸우지도 않고, 누가 이기지도 않는다. 겨울이 사망이고 봄이 생명도 아니다. 겨울이 없으면 봄도 없다. 낮이 밤을, 빛이 어둠을 이기지도 않는다. 빛이 없으면 어둠도 없다. 이들은 선과 악의 대립이 아니라 무한히 순서대로 윤회하는 과정인 것이 분명하다.

지독하게 반복적으로 빛과 어둠, 겨울과 봄은 순서에 따라 왔다가 간다. 아무도 봄을 오래 붙들고 있을 수 없고 또한 밤을 잡아 놓을 수 없다. 자연이다. 겨울이 가면 봄이 온다. 봄도 자연이고 겨울도 자연이다. 봄도 생명이고 겨울도 생명이다. 밤이 가면 아침이 온다. 밤도 자연이고 낮도 자연이다. 그렇게 시간은 흘러간다. 어떤 것이 선이고 어떤 것이 악이라거나, 어떤 것이 어떤 것을 이겼다는 표현은 그냥 문학적일 뿐 현실에 대한 객관적 설명은 아니다. 시간의 흐름 속에 영원한 봄도, 영원한 겨울도, 영원한 새벽도, 영원한 밤도 없다. 돌고 돌 뿐이다.

장사가 잘 된다는 사람이 별로 없다. 언론은 늘 불황이라고 한다. 그 것도 역시 상업적 표현이다. 지나고 나면 다 그때는 먹고살 만했다고 한다. 경기는 순환한다. 해가 지고 밤이 되듯이 부동산 가격은 올랐다 가 내려가고 주식 또한 내렸다가 올라간다. 그 와중에 회사는 늘 바람 잘 날 없다. 사장은 맘 편한 날이 없다.

비즈니스는 작든 크든 목숨을 걸어야 한다. 죽을 각오로 해야 한다. 사업은 되면 좋고 안 되도 그만이란 생각으로 접근하면 백전백패이다. 목숨을 걸어야 한다. 노력을 더 많이 한다고 늘 성과가 더 좋지는 않지 만, 순간순간이 내 생애 마지막이라는 심정으로 악착같이 매달려야 한 다. 세상은 넓고 고수는 많다. 도처에 숨어 있는 그 고수들과 싸워 이 겨야만 사업을 살려낼 수 있다. 그런데 분명 사업은 바람을 탄다. 인정 하고 싶지 않지만, 비즈니스의 세계는 나의 의지와 무관하게 전개되기 도 한다. 꼭 하고 싶어서 무리한 경쟁을 해서 계약을 했는데, 프로젝트 는 꼬이고 예상 밖의 복병들을 만나서 고전하다가 적자의 늪에 빠지기 도 한다. 또는 정말 기대도 안 했는데 경쟁상대의 어처구니없는 실수로 계약자가 되고 상상 밖의 수익에다가 후속 프로젝트는 물론이고 상까 지 받는 경우도 있다. 실패가 성공의 어머니가 아니라, 성공이 실패의 어머니일 수도 있다. 그 오르막과 내리막을 선과 악이나, 생명과 죽음 으로 인식해선 안 된다. 그것은 문학일 뿐이다. 비즈니스의 현실에서는 그렇지 않다.

동종업계의 한 선배가 운영하는 회사에서 좋지 않은 소문이 들리기에 위로를 드리려고 방문하였다. 경리 분야의 한 임원이 회사에 보유 중이던 현금 20억 원을 갖고 미국으로 도망을 갔다는 것이다. 선배는 돈보다도 사람을 잃었다는 점. 또 자신에게 이런 일이 일어났다는 점 등을 못 견뎌하고 있었다. 만일 회사에 거액의 현금을 갖고 있었던 사실이 알려지면 세무당국을 비롯한 관련 기관들이 이를 확인할 터인데 그것이 더 불안하다는 것이었다. 사실 그 회사는 지난 2~3년간 극심한 경영난을 겪고 있었고 이에 따라 회사의 미래를 불안하게 여긴 그 임원이 혼자 살겠다고 사고를 낸 것이라고 했다. 이 사실은 결국 모든 직원들이 알게 될 터인데 그렇게 되면 회사는 정말 복원력을 잃은 선박처럼 침몰하게 될 것이라고 걱정이 태산이다. 돌아오는 발걸음이 무겁다. 선배와 선배회사의 앞날이 걱정이다. 정말 탄탄하게 승승장구하던 기업이었었는데.

그리고 딱 일 년 만에 한 모임에서 다시 그 선배를 만났다. 얼굴에 화색이 돌고 유쾌해 보였다. 단 일 년 사이에 회사는 정상화 되었고 계약금액과 매출은 증가하고 직원들은 안정적이고 모든 것은 이보다 더 좋을 수 없다는 것이다. 그 선배에게서 불과 일 년 전의, 그 세상의 종말을 맞은 것 같은 그런 분위기는 어디에서도 찾아볼 수 없었다.

사장은 품격을 보여주어야 한다. 그래야 직원들이 믿고 따른다. 절망하지 말아야 한다. 세상은 금방 변한다. 역풍을 만나 배가 곧 뒤집힐 것 같을 때 여유를 가질 수 있어야 한다. 미운 사람이 있을 때 그 사람을 축복해 줄 수 있어야 한다. 정말 세상을 다 가진 것 같은 환희의 순간에도 겸손할 줄 알아야 한다. 그것은 이 세상엔 누구도 평생을 역풍

속에 머물지 않기 때문이다. 또 누구도 순풍만 만날 수 있는 사람은 없기 때문이다. 누구나 역풍도 만나고 순풍도 만난다.

시간의 흐름 속에 늘 바람의 방향은 바뀐다. 사장은 관조할 수 있어야 한다. 바람의 방향에 연연하지 않을 수 있어야 한다. 그것은 임직원 때문이다. 가족 같은 회사 식구들 때문이다. 사장이 흔들리면 회사가 흔들린다. 사장은 직원들 이름을 잊을지 모른다. 하지만 직원들은 자기가 근무했던 직장의 사장 이름을 잊지 않는다. 사장은 혼자가 아니다. 직원들 개개인의 마음속에 살고 있는 수많은 사장들이 있다. 사장은 기대하여야 한다. 꿈과 희망을 말하여야 한다. 지금 밤이지만 새벽을 기대해야 한다. 지금 봄이지만 무더운 시련의 여름을 예상하여야 한다. 인생이나 사업이나 정함이 없다. 시간의 흐름 속에서 모든 것은 변한다. 사장은 다음 순환을 바라보아야 한다. 마음은 현재이지만 눈은 늘 미래를 바라보아야 한다.

사장의 언어

말은 곧 그 사람이다. 사장의 언어는 품격이 있어야 한다.

'가짜'를 국어사전은 '1. 진짜처럼 보이려고 꾸미거나 만들어 낸 것. 또는 비슷하게 닮은 것. 2. 사실이나 진실이 아닌 거짓 또는 속임수 3. 진짜답지 못한 것. 또는 원래의 본질에서 멀어진 것'으로 정의한다. '가짜'라는 단어를 분해하면 '가+짜'로 보아 무방할 듯하다. 즉 '가'와 '짜' 두 글자가 모여서 만들어 낸 단어이다. 이 같은 형태의 단어들이 꽤 있다. 초짜, 생짜, 타짜 등등의 단어들이다. 이들 단어들도 역시 초와 짜, 생과 짜, 타와 짜 등 두 개의 단어가 모여서 이루어진 것으로 추정해도 별 무리가 없다. 이 '짜'로 끝나는 단어들을 이해하는 데는 '망짜'나 '사짜'의 예가 도움이 된다. 이웃이 가산을 탕진하고 어려움을 당하면 그 주변 사람들은 그 사람을 일컬어 망짜가 들었다고 한다. 또는 어떤 사람이 사기를 치고 다니는 사기꾼일 경우 그 이웃들은 그 사람을 일컬어 그 사람이 사짜가 붙었다고 말한다. 즉 망한 사람을 망(亡)했다고 하지 않고 망짜(亡字)가 들었다고 한다. 망했다는 직접적인 표현을 삼가고 망이란 글자가 들었다고 우회적인 표현을 한다. 사기꾼을 지칭할 때도 사기꾼이라고 직접 표현하지 않고 사자(詐字)가 들었다고 우회적으로 표현한다. 유추하면 생짜라는 표현 역시 생자(生字), 초짜라는 단어는 초자(初字)로 보아도 무리가 없을 듯하다.

가짜를 거짓이라고 하지 않고 거짓 가(假)에 글자 자(字)로 표현한다. 가짜가 거짓이라면 假 한 글자면 의사소통이 된다. 그런데 '가'라고 하지 않고 군이 거기에 글자 자를 더하여 '가짜'라고 하였다. 그 이유는 '초짜', '생짜', '사짜', '망짜'의 사례에서도 찾을 수 있다. 초짜: 처음인 사람. 생짜: 덜 익은 사람. 사짜: 사기 치는 사람. 망짜: 망한 사람 등은 초(初), 생(生), 사(詐), 망(亡) 등 한 글자로도 의사소통에 문제가 없음에도 뒤에 '글자 자(字)'를 더하여 사용한다. 그리고 이 단어들의 공통점은 그 사례들이 사회적으로 약자를 지칭하는 것이고, 그 사람들이 모두의 관심과 돌봄이 필요한 상황이란 점이다.

양반은 물에 빠져도 개헤엄을 치지 않았다고 한다. 아무리 추워도 곁불을 쬐지 않았다. 양반은 돈을 손으로 집지도 않았다. 양반의 절개와 품위는 경박스럽고 천박한 단어 자체를 입에 담지도 않았다. 그것은 양반들의 절제이기도 하지만 어려운 이웃에 대한 배려였을지 모른다. 거짓을 거짓이라고 하기보다는 거짓이란 글자가 있다고 표현하는 것. 그것이 양반의 여유이고 낭만이었던 것 같다. 그리고 그 잔재가 우리의 언어생활에 짜로 끝나는 단어가 되어 전해 내려오고 있는 것이다.

경력직 사원들을 채용하기 위한 면접을 하면 늘 묻는 것이 이직의 사유이다. 우리 회사가 중소기업이니까 지원하는 구직자도 중소기업 출신들이다. 그 지원자들의 이직 사유 가운데 가장 큰 비중을 차지하는 것이 사장에 대한 실망이다. 그리고 그 실망 가운데 가장 큰 부분이 언어이다. 이직의 이유가 사장의 막말이라는 것이다. 이름을 부르고, 반말을 하고, 함부로 대하는 것이 이직의 진짜 이유이다. 이런 경우가 생각보다 많다. 직원들은 사장의 언어 때문에 잘 다니던 회사를 그만두고 이력서를 다시 쓰기도 한다. 사장의 언어는 직원들에게 마음의 상처를 줄 수 있다. 사장은 직원이 동생 같고 조카 같아서 이름을 부르거나 친근감의 표시로 반말을 하지만, 그것을 듣는 직원은 그것에 자존심을 상하고 화가 나고 있을 수도 있다.

골프장이나 식당에서도 그렇다. 도우미들에게 존댓말을 하면 오히려 분위기가 무거워진다고 하는 사람들도 있다. 이모 또는 언니라고 불러주고 적당히 반말을 하는 것이 오히려 친근감을 조성한다고 말하기도 한다. 그것은 존댓말이나 반말의 문제가 아닐 수도 있다. 사람들은 금방 안다. 반말이면서도 자신을 존중하고 있는지 혹은 존댓말이지만 자신을 깔아뭉개고 있는지 다 안다.

호텔 그랜드볼룸에서 행사가 끝나면 일반적으로 호텔 임직원이 문앞에 도열해서 떠나는 주최자와 참석자들에게 인사를 한다. 한 특급호텔 임원이 쓴 자서전에서는 이때 그 인사를 받는 태도에서 그 사람의 미래가 보인다고 한다. 자신들은 거의 90%로 인사를 하는데 고개를 까딱하고 지나가는 국회의원이나 대기업 사장은 다음 선거 혹은 다음 임기에 거의 낙마하더라는 것이다. 하지만 자신들이 호텔의 고객이니 갑의 위치임에도 불구하고 자신들의 인사에 답례하고 수고했다고 악수를 하고 떠나는 국회의원은 다시 피선되고 대기업 임원은 승진하여 고객으로 다시 찾는다는 것이다.

21대 국회의원 선거 전날이다. 서울 강남의 한 선거구는 전국에서 손꼽히는 관심지역이었다. 재선을 노리는 현역의원과 거기에 도전장을 낸 정치신인후보가 박빙의 차이로 경합을 벌이고 있었다. 두 후보 간의 예상득표율은 엎치락뒤치락했다. 그리고 선거 전날이었다. 한 후보가 높은 빌딩 사이에 차를 세우고 막바지 유세 중이었다. 선거 차량의 확성기에서 흘러나오는 연설은 고층건물들 사이로 메아리치며 시끄럽기 그지없다. 그 유세만으로도 소음이다. 그런데 어디선가 또 다른 소음이 다가온다. 거리를 순회하던 상대 후보 유세차량이 그 지점으로 다가오는 것이었다. 역시 그 유세차량에서도 후보자가 확성기로 연설 중이었다. 결국 두 유력 후보의 유세차량이 대로에서 딱 마주친 것이다. 각각 유세차량에는 성능 좋은 확성기가 있다. 형국은 두 후보가 서로에게 확성기를 들이대고 연설하는 모양새가 되었다. 유권자들은 두 배로 커진 소음에 눈살을 찌푸렸다. 후보들은 기 싸움인지 서로 확성기에 대고 자극적인 말투의 연설이다. 그런데 그때 한 후보가 유세를 중단했다. 확성기를 끈 것이다. 길거리가 그나마 조용해졌다. 그러자, 유세를 계속하던 다른 후보는 상대방이 자신에게 백기를 든 것이라고 생각했는지 그곳을 떠나서 가던 길을 갔다. 확성기 소리도 멀어져 갔다. 거리는 다시 평온해졌다. 다음 날 선거가 끝나고 나는 그 지역구의 선거 결과가 매우 궁금했다. 결과는 확성기를 끈 후보가 당선이었다. 후보 간의 경쟁이나 기 싸움보다 지역구 유권자에게 불편을 주지 않으려 했던 그 후보가 이긴 것이다. 악착같이 싸우는 쪽이 이길 것 같지만, 왜 싸우는지를 아는 사람이 이긴다. 후보끼리 확성기 싸움에서 이기는 것이 승리가 아니라, 유권자의 마음을 얻는 사람이 이기는 싸움이었던 것이다. 싸움에도 품격이 필요하다. 달변가가 이기기도 하지만, 침묵이 이기기도 한다.

사장은 회사의 얼굴이고 임직원들의 꽃이다. 사장의 언어는 품위가 있고 매력적이어야 한다. 회사 안에서뿐만 아니라 밖에서도 그렇다. 상스럽고 천박한 단어들은 가급적 입에 올리지도 말아야 한다.

사장의 일거수일투족은 임직원들에 의하여 감시되고 평가된다. 언어는 역사와 철학과 종교와 인간성을 반영한다. 거짓을 거짓이라고 하지 않고 '가짜' 즉 '거짓이란 글자'라고 하는 우리의 언어가 우리의 정서이다. 나쁜 것이나 약한 것들까지도 보호하고 배려해 주는 것. 사장의 언어도 그래야 한다. 그것이 결국 사장 자신과 회사를 위한 것이다.

말 잘하는 사장

사장은 말을 잘하기 이전에 잘 들어야 한다.
그리고 사장의 언어는 천박하지 않아야 한다.

　사장은 달변이어야 하는가. 리더는 말을 잘해야 하는가. 회사의 팀장만 되어도 회식에 쓸 만한 건배사 몇 개는 늘 갖고 살아야 한다. 사장이나 리더가 되면 역시 짤막한 인사말에서부터 신년사나 종무식의 사장님 말씀까지 여기저기에서 말할 기회가 많아진다. 사장이 되면 말을 잘 해야 하는가 아니면 말을 잘 해야 사장이 될 수 있는가.

　나는 시간이 나면 서점을 간다. 서점을 가는 것은 책을 사기 위해서라기보다는 책을 보기 위해서이다. 어떤 책들이 서가 전면에 배치되어 있는지 살펴본다. 서점의 눈에 잘 띄는 곳에 전시된 책은 둘 중의 하나일 가능성이 크다. 잘 팔리거나 혹은 서점에서 잘 팔리도록 미는 책일 것이다. 책도 유행이 있다. 미국에 민주당이 정권을 잡으면 사회정의나 불평등 문제 등을 다룬 책들이 베스트셀러이다. 반면 공화당이 정권을 잡으면 이런 책들은 서점 전면에서 자취를 감춘다. 인문학이 대세인 때가 있었다. 역사 혹은 고전을 중심으로 서점에 인문학 코너까지 생기고 책들이 넘쳐나더니 요즘은 인문학이 그리 관심의 대상이 아니다. 굴곡이 없이 베스트셀러인 책들 가운데는 어디 가서 아는 척하기에 좋은 백과사전식의 책들이 많다. 사장은 서점에 자주 가야 한다. 가급적 자신의 전공과 거리가 있는 분야의 책들 주변에 오래 머물러야 한다. 그래야 생각과 사고의 지평이 넓어진다. 또 베스트셀러가 어떤 책들인지. 서가의 전면에 어떤 책들이 깔려있는지 보아야 한다. 유행을 느낄 수 있다. 트렌드가 느껴진다. 사회의 흐름을 엿볼 수 있다. 이야깃거리가 생긴다. 서점에서 축적한 이야깃거리들은 천박하지 않다.

나는 인터넷 혹은 SNS에 매일 매일 올라오는 그 수많은 글들을 보면서 열등감과 좌절감에 몸서리친다. 세상은 넓고 글 잘 쓰는 사람은 넘쳐난다. 그런데 찬찬히 보면 글 잘 쓰는 사람은 많은데, 그 글들이 제대로 형식과 내용을 갖추었는가는 의문이 남는다. 글을 쓰는 사람이라면, 특히 글 쓰는 것이 직업이라면 전문가로서 말과 글에 대한 최소한의 예의는 있어야 한다. 우리말에 대한 인식과 사랑도 필수이다. 한때 우리말을 지키자는 시도가 있었다. 비행기를 날틀, 학교를 배움터라고 하자는 시도도 있었다. 일제 잔재인 일본식 표현을 거부하자는 운동도 있었다. 일본말인 '가라오케'를 우리식으로 '거짓가락'으로 바꾸어 부르자는 의견도 있었다. 요즘은 국어에 대한 관심이 많이 줄었든 것 같다.

모든 언어공동체(Language Community)에는 그 공동체 구성원들끼리 사용하는 부차언어(Sub Language)가 있다. 청소년 집단의 부차언어로 그들에겐 또래들과 소통하기 위한 그들만의 은어(slang)가 있다. 그것은 그들만의 언어이고 기성세대의 언어가 아니다. 그런데 어른들이 청소년의 언어생활을 따라한다. 그들의 언어생활을 지도하여야 할 기성세대가 오히려 청소년들의 은어를 따라 하는 것이 수치가 아니라 자랑인 분위기이다. 대중도 이런 언어생활에 비판이 없다. 뿐만 아니다. 정치인과 지도자의 언어가 품격을 잃고 자극적이 되기도 한다. 막말을 하는 인터넷 매체들이 유행이다. 지성인들도 시쳇말임을 단서로 공공연하게 쓰이기에 적합하지 않은 표현들을 거침없이 쏟아낸다. 국회에서 공무를 수행하면서 쓰는 언어가 때로는 저급하기도 하다. 문제는 그 막말들이 먹힌다는 점이다.

급기야는 기자, 글을 쓰는 것을 직업으로 하는 전문가가 작성하고 인터넷 매체에 공개된 기사에서까지 오자나 탈자가 일상적으로 출현하는 사태에 이르게 되었다. 맞춤법이 틀린 정도라면 그 기사의 신뢰성은 불문가지이다. 맞춤법이 틀리거나 오·탈자가 있는 기사가 버젓이 나도는 것은 해당 언론매체에 그것을 골라낼 만한 기능이 없다는 것이다. 교정이나 교열을 하는 전문가가 없다는 것이 된다. 기본적인 언론기관의 여건을 갖추지 못한 것이다.

나는 오래전 한자문화권의 나라를 여행하다가 그 나라에서 아나운서를 언어운사(言語運士)라고 하는 것을 본 적이 있다. 언어를 다루는 사람이다. 아나운서이고 리포터이고 방송기자이다. 이들 방송인들은 적어도 정확하게 우리말을 발음할 수 있어야 한다. 많은 방송인, 방송 전문가들이 사투리 억양과 잘못된 발음, 맞지 않는 자고저로 방송을 하기도 한다. 문제는 우리 사회가 이런 사실에 대한 문제의식마저 없는 듯하다. 우린 지금 말하기와 쓰기 등의 언어생활에 너무 관대하다. 한글만 자랑스러워 할 뿐이지, 우리말 자체에 대한 예의를 잃어버린듯하다. 사실 한글보다 우리말이다. 우리말이 없으면 그것을 기록하는 한글도 역할이 없어진다. 우리의 언어생활이 너무 가벼워지고 있는 것은 아닌지. 만일 그렇다면 그것은 많이 알려고 하기보다는 많이 아는 것처럼 보이려 하고, 좋은 글을 쓰기 이전에 글을 잘 쓰려 하기 때문일지 모른다.

사양 학문이었던 언어학을 르네상스로 이끈 사람이 소쉬르와 촘스키이다. 언어학자였던 촘스키는 사회 분야로 지평을 넓혀서 목마른 현대인에게 지식의 향연을 베풀고 있다. 촘스키는 인간의 두뇌를 언어능력(Language Ability)과 언어수행(Language Performance)으로 나눈다. 인간의 언어생활을 위해서는 이 두 기능이 작동되어야 한다는 것이다. 언어능력(Language Ability)은 인간의 본능이다. 인간이 태어날 때 기본적으로 탑재된 기능이다. 어린아이는 성장하면서 한 번도 들어보지 못한 문장들을 듣고 이해한다. 또 한 번도 말해보지 않은 문장들을 만들고 사용할 수 있다. 그것은 언어능력 때문이다. 그래서 인간에게 언어란 학습(Learning)되는 것이 아니라 습득(Obtain)되는 것이다. 핸드폰이 출시될 때 이미 사진기가 탑재되어 있어서 사진 찍는 기능이 있는 것처럼, 인간은 태어날 때 언어를 이해하고 말하는 능력을 갖고 태어난다는 것이다. 언어수행(Language Performance)은 구체적 상황 속에서 언어의 실제 사용이다. 우리가 일상에 주고받는 언어생활이다. 그것은 화자(Speaker)의 사상과 감정을 청자(Healer)에게, 더 구체적으로는 화자의 조음기관에서 청자의 청각기관까지 전달하는 일련의 과정이다.

언어는 상징이며 사회적 약속이다. 예를 들면, 우유를 우유로 부르는 것은 우리 사회의 약속이다. 아프리카 사람에게 우유라고 하면 그것이 우유인지 모른다. 그것은 우리끼리의 약속이기 때문에 그렇다. 그들은 그들만의 약속이 따로 있다.

그런데 우리 사회 구성원 모두가 우유를 우유라고만 부르지 않는다. 사람에 따라서 우유를 우유라고 부르기도 하고, 밀크라고 부르기도 하고, 소젖이라고 부르기도 한다. 밀크와 우유와 소젖은 그것이 영어인지 한자인지 순우리말인지 그런 것 말고도 미묘한 차이를 보인다. 같은 언어공동체 안에서도 사람마다 사용하는 언어가 다르다. 촘스키에 따르면 인간에겐 언어란 인간의 노력으로 완성되는 것이 아니라 인간의 내재된 기능으로 성립하는 것이다. 그래서 사람마다 사용하는 언어의 특색이 있다. 인질 사건이 발생하면 유능한 수사관은 협박범의 전화 또는 문자를 바탕으로 범인의 성별, 출신지역, 나이, 학력, 직업 등등을 특정해 낼 수 있다. 언어는 인간의 지문 같아서 그 사람을 특정한다. 언어습관은 고쳐지지 않는다. 돈을 벌어서 부자가 되었거나 혹은 출세하여 높은 자리에 까지 올라갔는데, 언어가 뒷받침이 안 되는 경우가 있다. 고귀한 사람이 고귀하지 않은 언어가 들통이 나서 곤욕을 치르는 경우가 심심치 않게 발생한다. 그래서 프랑스 철학자 뷔퐁(Buffon, Georges Louis de, 17077~1788)은 '말은 곧 그 사람이다'라고 말한다. 사람은 언어를 다스릴 수 없다. 그냥 그 인간이 그의 언어에 묻어나올 뿐이다. 서구사회는 대학에서 학생을 선발할 때 시험성적과 함께 에세이를 본다. 에세이에서 단어의 선택과 그 배열 그리고 주장하는 것과 그 주장을 전개하는 방법 등을 잘 살펴보면 그 안에 그 학생의 성격과 능력 그리고 인간성과 과거와 현재와 미래가 녹아 있다.

사장의 언어는 사장의 인생을 반영한다. 천박함은 주머니 속의 송곳 같아서 시도 때도 없이 주머니를 뚫고 나온다. 언어는 위장이 안 된다.

사장학개론

품위 있는 언어는 품위 있는 인생이 되어야 비로소 실현된다. 남을 배려하는 화법은 실제로 남을 배려하는 마음이 되어야 습관이 된다. 가장 좋은 방법은 '감사합니다'와 '미안합니다'를 습관화하는 것이다. 영어 문화권에서는 땡큐와 익스큐즈미만 잘해도 젠틀해 보인다.

사장은 말을 잘 할 수 있어야 한다. 여기서 말을 잘 한다는 것은 수려한 화술을 말하는 것이 아니다. 많이 아는 척. 혹은 말을 잘 하는 척할 필요는 없다. 그게 잘되지도 않고 억지로 그렇게 하다가 오히려 낭패를 당하기 쉽다. 오히려 투박하지만 진솔한 말 한마디가 상대방의 마음을 움직일 수 있을 것이다. 아는 척이 아니라 알아야 한다. 그러면, 말을 잘 하려 하지 않아도 언어능력이 언어수행을 고상하고 품위 있게 만들어 줄 것이다. 사장의 언어로, 리더의 품격을 지켜 줄 것이다. 아울러 사장은 남의 말을 잘 들을 줄도 알아야 한다. 그리고 남의 말 속에서 그 사람을 찾아낼 수 있어야 한다.

내 마음의 밀실

> 사장은 초심을 잃지 말아야 한다.
> 그리고 마음속에 그 초심을 보존할 공간을 갖고 있어야 한다.

임금님은 한 양치기 목동을 재상에 임명한다. 지금으로 치면 낙하산인사이다. 전문성이 배제된 인사이다. 정치나 행정에 경험이 없는 양치기 목동을 일인지하 만인지상의 총리 자리에 발탁하니 조정이 조용할 리가 없다. 아마 임금님의 입장에서는 왕권을 강화하기 위하여 기존 관료나 정파가 아닌 양치기 목동을 데려왔을 것이다. 출신이 그래야 왕명에 충실할 것이라고 생각했을 것이다. 그런데 그 재상은 퇴근하고 집에 오면 골방에 들어가서는 안에서 문을 걸어 잠그고 한참을 거기에 머문다고 한다. 이에 신하들이 임금님에게 참소를 한다. 재상이 욕심이 많아서 뇌물을 좋아한다는 소문이 있다. 매일 골방에 가서 한참 동안 그 안에서 무엇을 하겠는가. 부정하게 모은 재산을 셈하고 관리하는 것이 아니겠는가. 당장 재상을 잡아다가 죄상을 물어야 한다는 것이 신하들의 의견이었다. 임금님은 어느 날 밤에 신하들과 함께 그 재상의 집을 불현듯 방문한다. 재상은 놀란다. 임금님은 재상에게 그 골방으로 안내하라고 한다. 그리고 잠긴 그 문을 열라고 한다. 재상은 한 참을 망설이다가 마침내 결심을 한 듯 그 골방의 문을 연다. 그 골방엔 임금님과 신하들이 예상한 금은보화 대신에 재상이 양치기 목동 시절 에 입었던 남루한 옷과 지팡이가 탁자 위에 놓여 있었다. 재상은 임금 님에게 고백한다. 재상이 되고 나니 유혹도 많고 기회도 많아졌다. 그 러다 보니 초심을 잃지 않을지 걱정이 되었다. 그래서 매일 퇴근하면 이 밀실에서 양치기 시절의 옷과 지팡이를 보면서 처음 마음이 변하지 않으려고 다짐에 또 다짐을 하였다는 것이다. 사장은 마음에 밀실이 있 어야 한다. 언제든 열고 들어가 안에서 문을 걸어 잠그고 방해받지 않 을 밀실이 있어야 한다. 초심을 잃지 말아야 한다.

나는 한 지방 소도시의 지역개발사업에 참여한 적이 있다. 지주들로 구성된 조합과 아주 중요한 사안을 논의할 협상이 열렸다. 재개발조합 은 땅은 있지만, 돈이 없었다. 택지를 개발하고 아파트를 건설할 계획 이었다. 여러 가지 행정절차를 거쳐야 하고 시공회사도 선정해야 한다. 그 첫 협상을 하는 날이었다. 조합원들은 농민들이 많았다. 조합사무 실에서 협상이 시작되었는데 조합장이 나타나지 않는다. 나는 불쾌했 고 조합은 술렁거렸다. 한 시간쯤 지나서 조합장이 회의장에 들어섰다. 아침에 아버지 산소에 다녀왔다는 것이다. 그 지역은 집성촌이었고 같 은 성씨의 친족들이 많았다. 조합장 아버지는 많은 조합원들의 친척이 기도 했다. 중대한 결정을 앞두고 아버지 묘소에 가서 마음을 다잡고 왔다면서 조금 늦었지만 이해해 달라는 것이다. 나는 조합장에게서 그 사람의 마음의 밀실을 보았다. 아버지 산소가 그 재상의 골방이었던 것이다. 들어가 문을 걸어 잠그고 깊은 생각에 잠길 수 있는 곳. 나는 과감히 그 조합에 대하여 택지 개발에 필요한 초기 자금을 지원하는 데 합의했다. 그리고 그 대금은 택지를 분양해서 받기로 했다. 지금 그 자리엔 아파트가 들어서 있다. 지주들과 건설회사 모두 많은 이득을 보았다. 나도 물론 적정 투자이득을 실현했다.

마음의 밀실에 무엇이 있으면 좋지만 그렇지 않아도 별문제는 없다. 내 밀실에 어린 적에 태산 같았던 아버지가 계시거나 혹은 양을 불러 모으던 피리가 있지 않아도 상관이 없다. 아무것도 없어도 밀실만 있으면 된다. 그냥 들어가 문을 닫으면 혼자가 되는 공간이면 된다. 그 안에서 잠시 넋 놓을 수 있으면 된다. 어린아이들은 수시로 멍 때린다. 아무 생각이 없이 초점 잃은 눈동자가 된다. 하지만 어른이 되면 그럴 여유가 없다. 멍 때림이 정신건강에 좋다고 한다. 그냥 잠시 혼자 있는 것, 커피라도 있으면 금상첨화일 것이다.

사장은 행복해야 한다. 사장이 매일 기분이 나빠서 징징대면 사원들도 기분이 나빠진다. 사장은 늘 평화로워야 한다. 사장이 불안하면 직원은 더 불안해진다. 사장은 즐거워야 한다. 에너지가 넘쳐야 한다. 그래서 그 에너지를 남에게 나누어 줄 수 있어야 한다. 그런데 사장도 인간이다. 살다 보면 원인 모르게 기분이 나쁜 날도 있다. 짜증이 나기도 하고 매일 보는 직원들이 미워질 때도 있다. 사장의 마음속에 밀실이 있어야 하는 이유이다. 마음의 문을 열고 들어가 자물쇠를 안에서 걸어 잠그고 방안에 홀로 쪼그려 앉는다. 나는 누구인가? 나는 지금 왜 화가 나는가. 나는 지금 왜 사람들이 미운가? 스스로 물어보아야 한다. 그리고 마음에 평화가 다시 찾아오거든 그때 그 밀실의 문을 열고 나와야 한다. 사장은 외롭다. 리더는 고독하다. 그러나 그 외로움과 고독이 군중 속에서 해소되지 않는다. 혼자 있을 때 느끼는 외로움보다 여럿이 함께 있을 때 느끼는 외로움이 더 크다. 밀실로 들어가야 한다. 밀실이 있어야 한다. 사장은 혼자 있을 줄도 알아야 한다.

사장의 직업윤리

> 사장은 이윤을 추구하는 데는 모든 것이 정당하다.
> 하지만 아무리 그래도 넘지 말아야 할 선은 있다.

아이히만(Eichmann, Karl Adolf 1906-1962)은 제2차 세계 대전 전법이다. 나치독일은 무려 600만 명의 유대인을 가스실에서 학살했다. 그 가운데는 여자도 어린아이도 장애를 가진 사람들도 포함이 되어 있었다. 아이히만은 독일 친위대의 중령으로 이 홀로고스트에 가담했다

전쟁이 끝나자 아이히만은 아르헨티나로 도망갔다. 그리고 체포되어 이스라엘의 전범재판 법정에 서게 되었다. 법정에 선 아이히만을 보면서 사람들은 놀람을 감추지 못했다. 사람들을, 그것도 무려 600만 명이나 학살한 사람이 너무 평범한 것이었다. 머리에 뿔이 나지도 않았으며, 눈에 살기가 돌지도 않았다. 그냥 일상에서 매일 마주칠 수 있는 흔한 이웃이었던 것이다.

그는 법정에서 자신을 변호했다. 유대인 학살은 히틀러의 명령이었으며 자신은 그 명령을 수행했을 뿐이란 것이다. 만일 자신이 그 명령을 거부했다고 하더라도 유대인 학살은 다른 사람에 의하여 계속되었

을 것이라고 주장했다. 그는 직업인으로서 자신에게 부여된 업무에 충실했다는 것이다. 그는 실제로 이웃에게 교양 있고 친절한 사람이었으며 사생활은 매우 도덕적이었다고 한다. 그는 무죄를 주장했다.

이 재판을 지켜본 한나 아렌트(Hannah Arendt 1906~1975)는 그의 저서 『예루살렘의 아이히만(Eichmann in Jerusalem)』에서 '악의 평범성'이란 유명한 말을 남겼다. 한나 아렌트는 아이히만이 유대인에 대한 증오가 있었던 것도 아니며, 그가 유대인을 학살한 것은 오직 능력을 인정받아 친위대에서 출세하기 위한 것이었다고 분석했다. 그러나 한나 아렌트는 출세하는 것이 모든 사람의 소망임에도 불구하고. 아이히만이 유죄인 이유는 '그가 아무 생각이 없었기 때문'이라고 주장한다. 아이히만은 사적으로는 가정에 충실하고, 공적으로는 맡은 일을 성실히 수행하는 평범한 시민이었다. 자신의 성공과 출세를 위하여 주어진 역할에 충실했다. 그것이 우리 모두의 평범한 자화상이지만. 성실한 시민으로서 조직의 명령에 대하여 그것이 악인지 선인지 판단할 수 있는 능력이 없다면 그것이 악의 근원이란 주장이다.

악의 평범성은 다양한 분야에서 다양하게 이해되고 인용된다. 이것은 직업윤리와 사회윤리의 문제로도 충분히 검토될 수 있다. 출세하고 성공하려는 직장인의 윤리와 사회의 일원으로서의 지켜야할 보편적 윤리의 문제이다. 이 두 윤리는 때론 대립한다.

2017년 6월 14일 영국 런던 서부의 노스 켄싱턴 지역에 위치한 24층짜리 아파트 그렌펠 타워(Grenfell Tower)에서 화재가 발생한다. 4층에서 시작된 이 화재는 단 15분 만에 24층까지 번진다. 즉시 소방관 200여 명과 소방차 40여 대가 출동했지만 속수무책이었다. 이 빌딩은 런던시가 소유한 저소득층을 위한 임대 아파트였다고 한다. 이 화재로 79명이 숨졌다.

영국은 세계의 표준이다. 본초 자오선이 런던 교외 그리니치를 지난다. 세계시간의 표준이다. 영국의 언어 영어는 세계인에게 의사소통을 가능하게 해준다. 표준 언어이다. 아직 자기 나라의 표준을 갖고 있지 않은 무수한 나라들은 BIS, British Industrial Standard를 차용해서 인용한다. 영국의 산업표준은 세계의 기준이다. 국제 금융거래는 런던의 은행 간 금리인 리보(LIBOR, London Inter Bank Offered Rates) 금리가 기준이 된다. 건축의 벽돌 쌓기에도 영국식 조적이 표준이다. 세계의 금속거래는 영국의 금속시장(LME, London Material Exchange)이 가격을 결정한다. 그런데 그런 영국에서, 그것도 런던에서 이런 어처구니없는 후진국형의 대형 화재가 발생하여 수많은 사람이 숨지거나 다쳤으니 영국의 자존심이 말이 아니다.

원인은 경비절감과 규제완화이었다. 불이 나기 얼마 전에 이 아파트를 리모델링하면서 경비를 줄이기 위하여 불에 잘 타는 싸구려 외장재로 마감을 했다. 아울러 완화된 규제에 따라 스프링클러는 없었고 화재에 대비한 시설들은 빈약했다. 만일 이 리모델링 공사에 참여하였던 설계자와 시공자 또는 감리자 혹은 이 공사를 주관한 런던 시청 공무원 가운데 누구 하나라도 이런 문제를 그냥 지나치지 않았다면 참사는 예방할 수 있었을 지도 모른다. 또는 이 사업의 사업비를 심의한 런던 시의회가 좀 더 세심하게 검토하거나 공사 모니터링을 하였더라면 이런 참혹한 결과는 피해 갈 수 있었을 것이다. 엔지니어 혹은 건축 담당 공무원 그리고 공사비를 승인한 시의회 의원까지 이 아파트의 리모델링 공사와 관련한 그 많은 연결고리 가운데 한 단계에서만이라도 사회적

사장학개론

윤리에 좀 더 충실했더라면 하는 아쉬움이 남는 이유이다.

국내 건설 관련 단체들은 때로는 한국 기업의 해외시장 진출을 독려하기 위하여, 국제기구의 한국인 매니저들과 한국의 희망업체들과 만남의 자리를 주선하기도 한다. 국제기구 소속의 한국인 임직원들이 이 모임에 강사로 나서서 그 기관이 발주하는 사업에 한국의 역량 있는 기업들이 많이 참여할 것을 독려하기도 한다. 해당 국제기구 입장에서는 양질의 한국기업들이 자신의 사업에 참여하면 사업의 질이 향상되어 좋은 일이고, 또 한국 기업의 입장에서도 이를 계기로 새로운 시장에 진입할 수 있다면 양측 모두에게 이익이 되는 일이다. 이런 경우에 주최 측은 강사로 초대된 그 국제기구 임원들에게 지급할 강사료를 미리 행사예산에 반영해 놓는다. 문제는 국제기구의 임직원들이 강사료를 받지 않는다는 점이다. 주최 측은 이미 결제된 강사료를 집행하지 못하는 데 대한 어려움이 있다. 하지만 국제기구의 한국인 임직원은 이미 한국에 올 때 소속기관으로부터 출장비를 받고 왔기 때문에 한국에서 주는 강사료를 받을 수 없다는 것이다. 만일 강사료를 받으면 그것은 그 국제기구의 윤리규정에 위반된다는 것이다. 우리의 부수입 문화와 조금 다르다. 사회마다 각각의 윤리 규범이 있다.

사장은 정말 회사의 운명이 걸린 상황이 되면 윤리뿐 아니라 영혼까지 포기할 수 있다. 기업은 자본 더하기 노동력이다. 사장은 이익을 만들어서 노동력에 보수를 지급해야 하고 투자자의 투자금에 대한 이윤을 실현하여야 한다. 이것이 사장의 존재 이유이다. 그리고 사장의 역할을 수행하는 길목엔 늘 유혹들이 존재한다. 윤리에 앞서 본연의 임무, 성공하고 돈을 벌고 직원들을 행복하게 해 주며 등등의 사장의 임무에 맹목적으로 충실하다면. 그것은 악이 될 수도 있다. 사장이 기업을 경영하면서 내가 지금 하는 일이 옳은가 옳지 않은가 생각하지 않았다면 그것은 죄악이다, 한나 아렌트에 따르면 그렇다.

다수결의 배신

사장은 어떤 결정을 위하여 표결하지 말아야 한다.
자연스럽게 의견을 수렴하여야 진정한 리더십이다.

사장은 오늘 점심엔 무엇을 먹을 것인가 같은 사소한 것에서부터 경영상 판단까지 정말 많은 것을 결정해야 한다. 회사의 주요 문제를 결정할 때 사장이 직원들의 의견을 묻는 것은 나무랄 데가 없다. 민주적이다. 그러나 어떤 결정을 임직원들의 의사를 물어 다수결로 결정한다면 아주 실망스러운 결과에 이르게 될 것이다.

이사회나 임원회의는 표결을 한다. 그리고 그 결과를 회의록으로 남겨야 한다. 대표이사의 선임과 해임, 지점이나 사무서의 설치 등 상법이 정하는 사안에 대하여는 출석 이사의 과반수 찬성으로 결정해야 한다. 이는 법이 정한 요식행위들이다. 이런 종류의 표결을 제외하고 사장이 실질적인 결정을 내려야 할 때 이를 임원회의 또는 직원들의 의사를 물어 다수결로 결정을 하려 한다면, 민주적 의사 결정이라는 소기의 목적보다는 오히려 더 많은 부작용을 각오해야 할지 모른다.

기업이 다수결로 결정하지 말아야 하는 첫 번째 이유는, 기업이 민주적인 조직이 아니란 점이다. 기업은 민주주의를 실현하기 위한 곳이 아니다. 이익을 위하여 존재한다. 경제적 이윤은 민주주의적 절차의 산물이 아니다. 따라서 기업의 임직원은 민주적 절차에 대하여 기대도 없고 마음의 준비도 없다. 결정하는 것은 사장의 고유 업무인데, 사장이 자기의 일을 남에게 미룬다고 생각할지도 모른다. 사장이 만일 임원들에게 의견을 물어 다수결로 진행을 한다면 임원들은 고민하게 될 것이다. 사장의 심중을 헤아리려 노력을 할 것이다. 그 과정은 결국 임직원들에겐 스트레스이고 사장에 대한 불만이 될 것이다.

두 번째 이유는, 다수결은 좋은 의사결정 방법이 아니란 점이다. 나의 잠재의식 속엔 의사를 결정하는 가장 좋은 방법이 다수결이란 고정관념이 있었다. 나는 다수결의 원칙을 사유재산의 인정이나 이윤추구와 함께 민주주의를 지탱하는 한 축으로 여기고 있었다. 만일 기업이 무엇을 결정하는데 다수결로 한다면, 그 결정의 실익에 관계없이 그 기업은 뭔가 품위 있고 민주적이라는 자부심도 있을지 모른다. 그러나 이런 다수결에 대한 맹신이 깨진 것은 중동에서이다. 우리 회사는 아시아개발은행이 지원하는 아프가니스탄 도로 건설사업에 컨설턴트로 참여하고 있었다. 사업지구는 바미얀주(Barmiyan Province)였다. 그 지역은 하자라(Hazara) 부족이 많이 거주하는 지역이다. 나는 공공사업부 장관이 주재하는 사업수행을 위한 회의에 참석하게 되었다. 바미얀 주지사와 지역 내 주요 부족장들도 전원 참석하였다. 아프가니스탄의 부족장들은 근본적으로 무장 세력을 보유하고 있다. 군사력이 있는 지역 사령관이다. 마을의 대소사를 결정하고 판결한다. 이들은 부족민들의 생사여탈권을 가지고 있으며, 그래서 그런지 외모에서부터 위엄이 있어 보였다. 회의는 결국 하루 종일 토론을 했지만 합의에 이르지 못했다. 신설 도로가 지나가는 마을들에 대한 안전문제, 공사에 필요한 인력과 자재의 공급문제, 도로에 편입되는 공공부지와 사유지의 처리문제, 노선의 변경요구 등등 지역의 이해관계가 첨예하게 대립하였다. 나는 공공사업부 장관에게 왜 빨리 결정을 내리지 못하냐고, 상호 입장은 확인되었는데 이제 표결을 하면 되지 않겠느냐고 물었다. 장관은 자신들은 자신들의 의사결정체계를 갖고 있다고 설명한다. 회의는 참 성숙해 보였다. 한 족장이 일어나서 자신의 의견을 작지만 낮은 목소리로 이야기하면 다른 족장들은 긍정도 부정도 없이 그냥 듣는다. 그리고 아무리 길어도 그 이야기가 끝날 때까지 기다린다. 이야기가 끝나면 비로소 자기 의견들을 이야기한다. 그러다 보니 10여 명의 부족장들이 모인 작은 회의가 하루에 끝나지 못하는 것이다. 나중에 들은 이야기이지만, 만일 다수결로 결정하면 선택되지 못한 부족은 결정을 인정하지 않는 것이 당연하고 그것은 곧 부족 간 전쟁을 의미한다는 것이다. 시간이 걸려도 전원 합의 또는 묵인에 도달하여야 하는 이유인 것이다. 적어도 반대하는 사람이 없어야 회의는 끝난다. 결국 진지한 토론 끝에 합의를 도출하고 회의는 끝이 났다. 시간은 많이 걸렸지만 표결은 없었다. 아무도 이 결과에 반발하여 회의를 탈퇴하거나 무력을 행사하지도 않았다. 고함도 없고 인신공격이나 억지 주장도 없었다. 다수결은 승자와 패자가 발생한다. 만장일치는 승자만 있다. 아무도 지지 않는다.

세 번째로 다수결은 필연적으로 조직이 쪼개진다. 멀쩡했던 조직도 갈라서서 대립하게 된다. 이 분열은 표결이 끝나도 후유증을 남긴다. 다수결에서 승자는 이긴 것이 아니다. 패자도 졌다고 승복하지 않는다. 패자는 자신들의 의견이 틀린 것이라서 진 것이라고 생각하지 않는다. 자신들의 생각이 최선인데, 자신들과 다른 생각을 하는 사람들의 숫자가 더 많아서 진 것으로 여긴다. 사람은 누구나 자신의 패배를 쉽게 인정하지 않는다. 인정하더라도 겉으로만 인정할 뿐이다. 조직은 분열된다.

네 번째로 전체의 의견이 아닌 다수의 의견이 선택된다. 그런데 다수의 의견이 회사 전체에게 좋은 의견이 아닐 수도 있다. 다수결제도 자체가 결국은 다수에게 유리한 결정방법이다. 회사 안에는 여러 의견그룹들이 있다. 회사는 크든 작든 그 모든 그룹들과 모든 의견들이 다 필요하고 소중하다. 표결에서 사람들은 조직 전체에게 유익이 되는 방안을 선택하지 않는다. 자신들 집단에 유리한 방안에 투표한다. 다수결로 선택된 안건은 결국 다수집단에게 이익이 되는 의견이다. 그리고 그 다수 집단의 이익이 전체의 이익과 부합하지 않을 경우도 있다.

다섯 번째로 다수의 의견이 좋은 의견이 아닐 수도 있다. 귀한 물건은 흔하지 않다. 다수가 갖고 있는 생각이 좋은 생각이 아닐 수도 있다. 하늘이 움직인다는 것이 다수의 생각이었다. 소크라테스에게 사형을 선고해야 한다는 것이 다수의 생각이었다. 미적분을 푸는 사람보다 풀지 못하는 사람이 더 많다. 42.195km를 2시간 안에 달릴 수 있는 사람은 그렇지 않은 사람보다 많지 않다. 많은 사람의 생각이나 판단이 옳다는 증거는 없다. 지혜는 소수에게만 조용히 자신을 공개하는지 모른다.

사장은 다수결로 결정하지 말아야 한다. 차라리 긴 시간 토론으로 결론에 도달하여야 한다. 우리의 의사 결정 방식은 토론이었다. 신라의 화백제도도 다수결이 아니라 토론이고 만장일치제였다. 조선의 어전회의도 다수결이 아니라 토론이고, 임금의 결정이었다. 다수결은 그 편리함에도 불구하고 반대하는 사람들이 발생하는 치명적인 단점이 있다. 사람들은 자신의 패배를 인정하지 않는다. 49%는 51%의 정당성을 내심 인정하지 않는다. 회사는 승자도 패자도 없어야 한다. 그러려면 표결 자체가 없어야 한다. 회사의 의사 결정 방법은 모두가 승복할 수 있는 의사결정 방식이어야 한다. 다수결은 사장이 기술적으로 필요할 때만 하여야 한다. 예를 들어서 전 직원 등반대회를 어디로 갈 것인가 등의 사안에 대하여서와 같이, 표결 자체가 직원들의 관심과 참여를 유도하는 방안일 경우가 그런 경우이다.

Chapter 3

경영은
결국 사람이다

이기지 않으면 지게 된다.
속이지 않으면 속게 된다.
경영은 전쟁이다.
평화를 가장한 전쟁이다.
전쟁은 사람의 일이다.
그래서 경영은 결국 사람이다.

경영에 관한
두 가지 물줄기

> 경영은 직원을 신상필벌로 엄히 다루든가,
> 혹은 무제한의 관용을 베풀든가 둘 중의 하나이다.

내가 40세 되던 해에 사장의 길에 들어서면서 가장 먼저 한 일이 서점에 가서 관련 서적들을 사 모으는 것이었다. 경영지침서를 비롯한 자기계발서적 또 중국의 병법서까지 닥치는 대로 책을 한 100권쯤 읽고 나서 책 읽기를 그만두었다. 책의 제목과 지은이는 달라도 내용은 거의 거기에서 거기였다. 회사를 경영하는 것은 결국 사람들을 관리하는 것이다. 사람을 통제하는 방법은 크게 두 가지이다. 하나는 마음을 열고 다가가서 상대방의 기대 이상으로 호의를 베풀면 그 사람도 나에게 그만큼의 보답을 한다는 논리이고 다른 하나는 조직과 사람은 법과 원칙에 따라서 신상과 필벌로 엄격하게 다스려야 한다는 것이다.

첫 번째 논리에 자주 인용되는 것이 워털루 전쟁의 전야였다. 영국의 웰링턴과 프랑스의 나폴레옹은 운명을 걸고 각각 워털루에 포진했다. 다음 날 해가 뜨면 둘은 싸워야 하고 필연적으로 승패가 갈리게 된다.

누군가는 이기고 누군가는 져야 한다. 승자는 영광의 꽃길을, 패자는 몰락의 뒤안길을 가야 한다. 격전의 전야에 비가 내린다. 빗속에 두 영웅은 잠을 못 이루고 각자 진영을 점검한다. 프랑스 진영에서 한 초병은 비 오는 궂은 날씨에 잠깐 총을 옆에 놓고 잠이 들었다. 이를 발견한 나폴레옹은 그 초병을 군법회의에 넘겨 엄단하였다. 역시 영국군 진영에서도 한 초병이 궂은비를 피하여 총을 옆에 놓고 잠이 들었다. 그런데 인기척을 느끼고 놀라서 깨어보니 자신의 보초 위치에 누군가가 대신 보초를 서고 있는 것이다. 순찰을 돌던 웰링턴이 잠자는 초병을 깨우지 않고 대신 보초를 선 것이다. 그리고 그다음 날 전투에서는 웰링턴의 군대가 나폴레옹의 군대를 이긴다. 그것은 웰링턴의 승리이고 따뜻한 리더십의 승리라는 논리이다. 사장은 따뜻해야 한다. 많은 보수를 주고 복지를 획기적으로 증가하고 근무조건을 개선하면, 잠자는 직원을 깨우지 말고 대신 근무를 해 준다면 보이지 않는 손에 의해 회사가 발전한다는 것이다. 잠든 초병을 위하여 대신 보초를 서주는 리더십이 조직의 자발적인 충성심을 불러일으키고 그 충성심으로 뭉친 군대는 천하무적이란 것이다.

두 번째 논리는 조직은 오로지 엄격히 다스려야 한다는 주장이다. 온정주의는 조직의 긴장을 완화한다는 것이다. 손무가 오나라의 합려 앞에서 이기는 군대의 전형을 보여준다. 손무는 신체에 장애가 있었다. 그의 외모는 처음 본 사람들로 하여금 자발적으로 복종하게 하는 어떤 아우라도 찾을 수 없었다. 그가 합려의 면전에서 그의 궁녀들에게 4열종대로 헤쳐모이라고 명령하지만, 궁녀들은 움직이지 않는다. 다시 명령하지만 역시 궁녀들은 손무를 비웃을 뿐 움직이지 않는다. 임금의 총애를 받는 궁녀들인데, 너 따위가 감히 나를 어쩌겠는가 하는 자신감이 그 궁녀들로 하여금 명령불복종을 하게 만들었을지도 모른다. 손무는 궁녀 가운데 가장 임금의 총애를 받는 여인을 불러내서는 단칼에 목을 친다. 놀란 궁녀들은 손무의 명령에 자발적으로 일사불란하게 움직인다. 사업은 전쟁이다. 직원은 군대이고 사장은 장수이다. 전쟁터에서, 죽이지 않으면 죽는 전쟁터에서 무슨 말이 필요하고 온정이 필요한가. 신상과 필벌만이 조직을 조직답게 하는 첩경이라는 것이 두 번째 논리이다. 사장이 온정적이면 조직이 느슨해지며 카리스마가 넘쳐야 한다는 것이다.

경영의 비법은 대개 이 두 가지 중에 하나이다. 거기서 크게 벗어나지 않는다. 나는 이 경영학의 논리가 교육학의 원론과 유사성이 있음을 발견한다. 죄인을 교도소에 가두는 논리적 배경도 여기에서 크게 다르지 않다. 두 가지 이론이 성립한다. 첫 번째는, 죄인을 교도소에 가두어 자유를 제한함으로써 벌을 준다는 것이고 두 번째는, 죄인을 교도소에 가두어 일반사회에서 격리시킨다는 개념이다. 학교의 개념이 그렇다. 학교가 학생들을 보호하는 시설인가, 아니면 학교가 학생들을 교육하는 시설인가 하는 개념의 대립이 성립한다. 클린턴 미국 대통령의 스캔들에 대한 조사 결과를 국민들에게 알릴 때, 학생들의 일과 시간이 고려되었다. 그 스캔들 내용은 미성년자들의 정서에 좋지 않다는 판단 아래 온 가족이 함께하는 저녁 시간대가 아니라, 학생들이 학교에 수업 중인 오전 시간에 그 내용이 발표되었다. 학교가 학생들을 보호하는 시설이 된 셈이다. 아이들은 선하고 사회는 악하다는 전제가 깔려있다. 그렇기 때문에 아이들은 악을 이길 수 있는 성인이 될 때까지 학교에 수용하고 보호해야 한다는 견해이다. 이에 반하여, 학교가 교육하는 곳이란 개념도 있다. 아이들은 악하기 때문에 성인이 되기 전에 선하게 되도록 교육해야 한다는 이론이다. 결국 그것은 근본적으로 사람이 선한가 또는 악한가에 대한 문제이다.

회사는 사람들의 집합이다. 사람들이 공동의 이익을 위하여 결성된 회사 조직을 성공적으로 경영하기 위하여 사장은 나름대로 인간에 대한 이해와 주관이 있어야 한다. 그것은 회사를 운영하는 데 꼭 필요한 원칙이 된다. 통찰력이 있는 관리자와 임기응변으로 무장한 리더는 그 결과가 확연히 다르다. 인재를 확보하기 위하여, 타 회사에서 성실히 근무 중인 사람을 스카우트해올 것인지, 아니면 내가 인재를 키울 것인지 방침을 정해야 한다. 내가 해고해도 우리 회사보다 더 좋은 직장에 더 좋은 조건으로 취업이 될 직원도 있다. 하지만 내가 해고하면 오랫동안 실업 상태를 견뎌야 할 것 같은 직원도 있다. 사장은 사람에 대한, 노동과 고용에 대한 통찰과 나름대로 해석이 필요하다.

내가 읽은 경영학 서적들은 신상필벌로 규율을 확실히 세우든가, 혹은 온정으로 조직을 품에 안던가, 둘 가운데 하나를 선택하라는 충고를 나에게 하고 있었다. 아마 지금까지 개발된 조직을 다루는 방법은 크게 이 두 가지 범주 안에 들어 있는 듯하다. 경영은 사람관리이다. 사장은 사람 때문에 울고 사람 때문에 웃는다. 사람끼리의 만남은 다분히 운명적 요인이 있기는 하다. 그러나 경영에서 으뜸은 만나지 않아야 좋을 사람은 만나지 말고 꼭 만나야만 할 사람들을 만나는 것이다. 그것을 실현하기 위하여 사장은 사람을 보는 눈이 있어야 한다. 인간에 대한 안목이 있어야 한다.

가치사슬 이론

> 가치의 사슬에 큰 고리는 잘 끊어지지 않는다.
> 작은 고리가 늘 말썽을 부린다.
> 사소한 부분을 그냥 지나치지 말아야 한다.

　가치사슬(Value Chain) 이론은 하버드대학의 마셜 포터 교수에 의하여 주창되었다. 1985년 베스트셀러가 된 그의 저서 『경쟁자』에서 포터 교수는 기업이나 조직이 제품이나 서비스를 생산하는 일련의 활동을 가치사슬이라고 정의하였다. 그는 기업 조직을 운영부분(Primary Activities)과 지원부분(Support Activities)으로 나누었다. 운영부분은 원료를 투입하여 제품을 생산해내는 분야이고, 지원부분은 인사, 구매. 기술개발 등의 지원분야이다. 운영부분은 직접 생산에 참여하는 조직이고 지원부분은 직접 생산에 참여하지 않는 조직이지만, 이들 가운데 어느 하나를 소홀히 할 수 없는 것은 이 둘이 회사의 이윤창출에 동일한 비중으로 역할을 하고 있다는 이론이다. 결국 회사의 모든 기능들은 고리로 연결되어 있어서 어느 것이 중요하고 어느 것이 덜 중요하지 않다는 것이며, 그 가운데 하나의 사슬이라도 망가지면 전체의 기능이 중단된다는 주장이다.

이 이론은 최근 선진국의 후진국에 대한 원조사업에 자주 인용된다. 교육지원사업의 예를 들자면, 많은 경우가 일반적으로 학교 건물을 지어주고 교육에 필요한 컴퓨터나 책상 걸상 칠판 등을 지원하는 데 집중되어 있다. 학교 건물을 완성하고 원조기관과 수원국의 고위 관리들이 참석한 가운데 준공식을 하는 것으로 사업은 종료된다. 그 기념식은 사진으로 남아서 원조를 해준 쪽이나 원조를 받은 쪽 모두에게 사업성과를 홍보하는 데 유용하게 사용된다. 그러나 이런 방식의 지원사업은 그 사업관리가 편리하고 사업의 성과를 가시적으로 홍보하는 데 유용하다는 장점에도 불구하고, 성공적인 사업이라고 평가하는 데는 무리가 있다. 그것은 교육이 학교 건물과 시설만으로 이루어지는 것이 아니기 때문이다. 교육은 교사와 학생과 학교가 기본적인 3요소를 구성한다. 학교가 제대로 그 기능을 담당하기 위해서는 여러 가지의 기본적인 가치들이 사슬로 연결되어야 한다.

가르칠 선생님이 있고 가르칠 교육 내용이 있고 배울 학생이 있어야 한다. 그러고 나서 비로소 공부할 교실이 필요한 것이다. 그러나 학교 건물은 있는데 선생님도 학생도 가르칠 커리큘럼도 없다면 학교라고 할 수 없다. 실제로 이런 일도 있었다. 한 원조기관이 아프가니스탄의 어린이들을 위하여 한 시골마을에 학교를 지어주고 성대히 학교 건물 건축공사 준공식을 하였다. 사업 자체가 단순히 학교건물의 건축공사를 지원하는 사업이었다. 그런데 만일 준공 이후에 그 학교에서 전투요원을 양성한다면, 그리고 그 학교 출신의 전사들이 국제사회를 향하여 총부리를 겨눈다면, 이웃을 돕자는 국제사회의 지원사업은 학교 건

사장학개론

물의 성공적 건축에도 불구하고 그 사업이 성공적이었다고 할 수는 없다. 교육을 구성하는 수많은 가치의 사슬들에 대한 포괄적 이해가 결여된 잘못된 결과이다.

또 다른 예가 가치사슬을 이해하는 데 도움이 될 수 있다. 한 구호단체가 신문에 광고를 했다. 장소는 메콩강변의 한 작은 어촌마을이다. 부둣가에서 물고기를 손질하는 한 소년의 남루한 모습과 함께 하루에 1달러만 후원하면 이 어린이가 학교에 갈 수 있다고 지원을 요청했다. 사람들은 그 홍보문건을 보고 후원을 했다. 그리고 그 아이는 그 후원금으로 학교에 갈 수 있게 되었다. 그 아이는 이제 더 이상 그 부둣가에서 물고기를 손질하지 않는다. 그런데 문제가 발생하였다. 갑자기 소년이 사라지니까 처리되지 않은 물고기들이 부두에 쌓이는 것이었다. 어부들이 잡아온 물고기를 소년이 손질하고 분류하여 내륙지방에서 온 중간상인들에게 이를 넘겨야 하는데, 소년이 없으니 결국 물고기의 유통체계 전체가 붕괴된 것이다.

개발도상국 시골 마을의 교육은 선진국이 생각하는 그런 교육 수준과는 많은 차이가 있다. 또는 그 지역 아이들이 학교에 가지 않는 것은 빈곤의 문제만은 아니다. 학생들이 학교에 가지 않는 근본적인 이유를 확인해 보았어야 했다. 교육은 그 대상이 학생이고 따라서 그 사회의 다양한 가치사슬에서 교육적령기의 청소년들 역할에 대한 사전 조사가 필요한 이유이다. 결국, 물고기 시장만을 놓고 보았을 때, 어부의 물고기 생산, 부둣가에 집하, 분류 선별작업, 중간상인, 소매상 그리고 소비자의 가치사슬이 형성된다. 각 사슬마다 부가가치가 발생한다. 그리고 그 사슬은 어떤 것은 중요하고 어떤 것은 소홀하지 않다. 한 개의 사슬이 끊어지면 전체 라인이 무너진다. 결국, 그 부둣가에서 어부들이 잡아 온 물고기를 손질하고 선별 분류하는 한 소년이 지역사회 물고기 시장의 가치사슬에서 차지하는 역할을 간과한 것이 본 사업의 성패에 영향을 주었던 것이다.

요즘 국제협력 분야에서 이 가치사슬 이론을 개발도상국 사회 전체에 적용하려는 노력들이 시도되고 있다. 예를 들면, 아프리카의 한 마을은 건기가 되면 강에 물이 흐르지 않는다. 그러면 동물들은 물을 찾아 먼 길을 떠나지만, 사람들은 이사를 가지 못한다. 따라서 물을 얻기 위하여 더 먼 곳으로 가거나, 아니면 강바닥을 파야 한다. 물을 길어오는 일은 각 가정에서 가장 서열이 낮은 사람이 하는 일이다. 즉 어린아이나 여자들의 몫이다. 남자 성인은 물을 긷는 노동에 참여하지 않는다. 한 번 물을 긷는데 왕복 2시간이 걸리고 하루 두 번 물을 긷는다고 가정하면 한 가정에 물을 길어오는데 걸리는 노동력은 4인/시이다. 그런데 국제원조기관의 도움으로 마을 한가운데 펌프에서 지하수가 하루 종일 펑펑 나오게 되었다고 하자. 한 가구당 4인/시의 노동력이 절감된다. 각 가정은 생존을 위하여 식구마다 역할이 있고 이 역할들은 사슬을 이루고 있다. 마을에 공동상수도가 제공되면 이 가정의 가치사슬 가운데 물을 길어오는 사슬이 필요 없게 된다. 이 단순한 변화가 가정의 공동체 생활에 변화를 가져오게 된다. 여성과 아동의 역할과 가정생활의 기여도가 획기적으로 감소한다. 더 이상 물을 길어 올 필요가 없는 여성이나 아동들의 노동력은 더 강도가 높은 다른 노동에 투입이 될 수도 있다. 혹은 할 일이 없어진 여성과 아동이 가정 내에서 더 불행해질 수도 있다. 상수도 공급사업은 그 목표가 우물을 파주거나 펌프장을 건설해 주는 것이 아니라, 주민들을 행복하게 해 주는 것이 목표이다. 사업은 상수도 공급의 가치사슬을 검토하고 분석하여서 물을 길어오는 데 소모되었던 아동과 여성의 노동력이 더 가치 있는 곳에 사용되도록 구성되어야 한다. 그렇지 않으면, 제공된 우물이나 펌프장이 오히려 마을과 가정의 가치사슬을 파괴할 수도 있다. 후원하는 기관이나 국가는 우물이나 펌프에서 물이 쏟아져 나오는 것을 사업의 목표로 하는 경우가 많다. 이것은 결코 성공적인 사업이라고 보기 어렵다.

가치사슬 이론이 현장에서 주목받는 이유는 다양하다. 한 가지 예를 더 들겠다. 아프리카의 많은 지역에서 말라리아는 주민 건강에 위협적이다. 말라리아는 모기가 병원균의 숙주이다. 그리고 그 예방은 모기의 공격으로부터 사람을 보호하는 모기장으로부터 시작된다. 국제구호기관은 이 사실을 간파하고 한 아프리카 마을에 모기장을 지원하여 주었다. 첫해에 모기장 지원사업은 매우 성공적이었다. 모기장이 지원된 마을은 모기장이 지원되지 않은 마을보다 말라리아로부터 훨씬 더 안전하였다. 하지만 그다음 해부터 결과는 역전이 되었다. 모기장을 지원받은 마을에 말라리아 환자가 급증한 것이다. 이유는 가치사슬의 파괴였다. 그 마을에는 모기장 지원사업이 시행되기 이전에 모기장의 유통시장이 형성되어 있었다. 마을에는 모기장을 파는 가게가 있었고 이 가게는 중간상인으로부터 모기장을 공급받아 마을 사람에게 모기장을 판매하였다. 그러나 마을의 모든 가구에 모기장이 무상 공급됨에 따라서 유통구조는 파괴되었다. 일 년이 지나서, 지원받은 모기장이 망가지기 시작하자 주민들은 이제 모기장을 스스로 다시 장만해야 하는데,

공짜에 길들여진 주민들이 모기장 사기를 주저하게 되고 또 사려고 해도 이제 더 이상 마을에서는 모기장을 파는 곳이 없기 때문에 살 수가 없다. 그래서 모기는 망가진 모기장을 뚫고 침입하여 이전보다 더 많은 말라리아 환자를 만들어 냈던 것이다.

기업은 시장에 내다가 팔 용역이나 제품을 만드는 곳이다. 좋은 제품을 만들기 위해서는 좋은 재료가 있어야 한다. 가공하기 위한 생산라인이 우수해야 한다. 제품이 아무리 좋아도 팔리지 않으면 소용이 없다. 팔기 위해서는 거래처를 확보해야 한다. 그리고 판매한 대금을 수금하여야 한다. 이 연결고리는 어느 하나 중요하지 않은 것이 없다. 그리고 어느 한 개의 고리가 망가지면 전체가 망가진다. 기업은 원료로부터 제품을 생산하고 그것을 판매하여 이익을 추구한다. 그러나 이 모든 것보다 더 중요한 것이 있다. 기업은 사람이다. 사람들의 사슬로 기업이 형성된다. 사람이 행복해야 한다. 기업은 모든 직원들이 행복하게 해 주어야 한다. 그 행복한 사람들의 사슬이 만든 제품이 소비자들을 행복하게 해 줄 수 있을 것이다.

뿐만 아니다. 사장은 자신의 기업이 사회에서 어떤 역할과 기능을 하는지. 그리고 그 역할과 기능은 사회 전체의 가치사슬 가운데 어디쯤인지 늘 관찰하여야 한다. 기업과 연결된 다른 사슬들이 변하고 있는데 그 변화를 감지하지 못한다면 유능한 사장이 아니다.

사장은 회사의 모든 가치들이 잘 연결되고 잘 작동하고 있는지 늘 점검하여야 한다. 기차가 정거장에 정차하면 전문가는 작은 망치를 들고 기관차와 객차의 하부를 때리면서 지나간다. 그 소리로 객차와 전동차 하부의 각종 부품의 연결 상태를 확인하는 것이다. 이 사슬들을 점

　　　　　　　　　　　　　　　　　　　　　　　사장학개론

검하기 위한 첫걸음은 그 연결고리를 이해하는 것이다. 사장은 매일 망치를 들어야 한다. 그리고 열차의 하부를 두들기고 다니는 전문가처럼 그 망치로 두드려야 한다. 그 소리에 귀를 기울여야 한다. 어느 사슬이 취약하지 않은지. 때론 아주 사소한, 정말 사소한 문제로 생산라인이 정지할 수도 있음을 잊지 말아야 한다.

회사의 조직과 관리

> 회사의 조직은 그 기능상 생산과 판매와 관리조직으로 나눌 수 있다.
> 이 조직들은 상호 견제와 균형을 이루고 있어야 한다.

　회사의 조직은 크게 세 가지 기능으로 나누어도 무리가 없을 것이다. 먼저 생산조직이다. 제품을 만드는 조직이다. 다음은 판매조직이다. 생산된 제품을 내다 파는 조직이다. 그리고 마지막이 관리조직이다. 생산조직과 판매조직을 관리하는 조직이다. 언젠가부터 관리라는 단어를 지원으로 바꾸는 것이 추세이다. 결국 회사는 이 세 마리의 말이 끄는 삼두마차이다.

　회사마다 특징이 있다. 생산이 우선인 회사가 있고 판매가 우선인 회사가 있다. 또는 관리가 철저한 회사가 있다. 이는 사장이 어느 부서에 힘을 실어 주는가와 관련이 있다. 자연스레 회사는 관리조직이 어느 정도 회사 내 파워를 갖는 것은 피하기 어렵다. 관리조직은 경영진이나 회사의 리더들과 자주 접촉하게 되고 더 많은 정보를 갖게 된다. 정보는 늘 권력이 된다. 관리조직은 회사나 경영진에 대한 충성으로 무

　　　　　　　　　　　　　　　　　　　　사장학개론

장되어 있어야 한다. 생산과 판매조직이 회사와 대립할 경우에 관리조직은 늘 회사의 편에 있어야 한다. 따라서 관리조직을 어떻게 관리하는지가 경영의 능력일 수도 있다.

관리조직은 늘 사용자를 위하여 근무하는 것으로 간주되기 때문에 노조에도 가입이 제한될 수 있다. 따라서 회사의 리더는 관리조직에 대하여 적절한 배려를 하는 것이 당연한 것일지도 모른다. 하지만 회사의 대형 사고는 늘 이 관리조직에서 발생한다. 횡령이나 배임은 물론이고 회사의 비리를 사정기관에 고발하거나 혹은 회사를 상대로 협박을 해오기도 한다. 회사마다 이런 일들이 전혀 생소한 일은 아니다. 요즘은 내부고발을 사회정의 차원에서 접근하는 경향이 있다. 하지만 분명 사회정의를 위한 내부고발과 개인의 이익을 위하여 회사를 상대로 한 협박은 구별되어야 한다. 중소기업이나 중견기업은 이런저런 이유로 관리부서의 핵심에 친인척을 배치하기도 한다. 이왕 속을 바에야 차라리 식구에게 속는 것이 그래도 맘이 편하다는 속셈이기도 하다.

회사가 어떤 결정을 하면 생산과 판매와 관리조직은 서로 다른 반응을 보일 가능성이 많다. 사장은 회사 내 조직 간의 경쟁과 알력을 회사의 발전을 저해하지 않는 건전한 방향으로 유도해야 한다. 지역감정이 망국의 지름길이라는 정치인들의 이야기를 많이 듣는다. 나는 전 세계 70여 개 나라, 300개 이상의 도시들을 가 보았지만, 지역감정이 없는 곳을 보지 못하였다. 우리나라는 양반 중의 양반이다. 다른 나라는 지역끼리 전쟁도 하고, 분리 독립을 하려고도 한다. 우리의 지역감정은 거기에 비하면 정말 아무것도 아니다. 고향이 좋은 것은 고향 사람들 때문이다. 같은 정서와 문화를 공유한 사람들끼리의 모임은 인위적으로 없어지지 않는다. 객지에서 외로울 때 향우회만 한 것이 없다. 서울 출신인 나는 지방 출신들이 부러울 때가 많다. 지역 간의 건전한 경쟁은 나라를 발전시킨다. 회사의 부서가 그렇다. 부서 내의 단합은 아무리 강조해도 지나치지 않는다. 부서 간 건전한 경쟁은 회사를 튼튼하게 한다. 지역감정을 긍정적인 방향으로 유도할 능력이 없거나, 지역감정을 악용하는 사례가 건전한 지역문화를 멍들게 한다.

사장은 회사의 조직 간에 협력과 경쟁을 적절히 유도해야 한다. 그리고 민주국가의 권력이 삼권으로 분리되어 견제와 균형의 조화를 이루듯이 회사의 조직도 그렇게 견제와 균형을 이루어 회사의 발전을 견인하게 해야 한다.

우리나라 정부조직은 1948년 정부 수립 시에 11부 4처 3위원회였다. 18개 조직이다. 그러던 것이 2017년에 이르면 18부 5처 17청 2원 4실 6위원회로 52개의 조직에 이르게 된다. 70년 동안에 정부조직이 18개에서 52개로 무려 3배 이상 증가한다. 같은 기간에 행정의 수요인 국민의 인구수가 3배 이상으로 증가하진 않았다. 조직은 성장한다. 모든 조직은 늘 인력을 늘리려고 한다. 부서장들은 언제나 사람이 부족하다고 불평을 한다. 직원이 적어서 성과가 안 오른다고 한다. 외부에서 회사를 평가하는 것도 직원 수와 연 매출액으로 평가한다. 사장은 늘 회사의 몸집에 대하여 고민하게 된다. 누구나 회사의 규모를 키우고 싶어 한다. 사장이 빠지지 말아야 할 함정이다.

회사의 일반적인 회계처리업무의 변천 과정이 좋은 예이다. 지금은 회사의 외형이 일정 규모 이하이면 대부분 회계업무를 외주 처리한다.

하지만 이런 분위기가 정착된 것은 그리 오래되지 않는다. 그 이전엔 아무리 작은 회사에도 경리조직이 있어야만 했다. 회사의 회계업무는 경리직원이 직접 처리했다. 장부는 회사 규모에 따라서 금전출납부만 정리하는 곳도 있었지만 모든 거래를 분개하고 전표로 작성하는 것은 필수였다. 일정 규모의 회사라면 주요부와 보조부의 모든 A장부를 유지·관리하여야 했고, 여기에다 B장부까지 별도로 작성하여야 하였다. 그러던 것이 컴퓨터의 보급과 함께 다양한 회계프로그램들이 선보이기 시작했다. 이에 따라 경리 인원을 획기적으로 줄일 수 있게 되었다. 전표만 회계프로그램에 입력하면 장부는 따로 작성하고 관리할 필요가 없어졌다. 그러던 것이 이제는 회계업무는 외주가 대세가 되었다. 세무사 사무소에서는 회계와 세무 그리고 간단한 노무관리업무까지 아주 저렴한 비용으로 서비스해 준다. 일반적인 기업의 관리업무는 사람이 직접 하는 방식에서 전산화로 그리고 전산화에서 외주로 바뀌고 있다.

경리 분야뿐 아니라 빌딩의 경비업무도 그렇다. 경비원을 빌딩주가 직접 고용했다. 그런데 꼬마빌딩을 하나 갖고 있으면서 빌딩 경비를 한 명 고용하면 그 경비원을 관리하는 직원이 필요하게 된다. 경비원의 연월차나 휴가, 사대보험 등등을 제대로 관리하지 않으면 더 큰 문제가 발생한다. 이젠 그렇지 않다. 용역회사에 외주를 준다. 경비원이 외부 용역회사소속이다. 빌딩주가 경비원을 선택하고 외부 용역회사 소속으로 채용하기도 한다.

회사의 조직은 팽창하는 성격을 갖고 있다. 회사뿐 아니다. 모든 조직이 그렇다. 조직이 팽창하면 공룡이 된다. 조직 관리는 팽창을 억제하는 것이 기본이다. 조직을 줄여야 한다. 피치 못하게 조직을 늘려야 한다면 파견직과 임시직으로 보충해야 한다.

미국 산타모니카시의 재개발 과정에 참여하였던 한 사람으로부터 산타모니카시의 사업관리요령을 전해 들은 적이 있다. 산타모니카 해변정비사업을 포함한 도시재개발사업은 계획보다 오랜 시간이 걸렸다. 만일 산타모니카시가 도시재개발을 위하여 공무원을 더 채용하고 조직을 늘렸다면 그 늘어난 예산을 감당하지 못하였을 것이다.

시는 조직과 인력의 확장에 매우 신중했다. 시는 추가로 필요한 인력을 단계별로 모두 외부의 파견직 또는 계약직으로 해결하였다. 각 단계별 즉 마스터플랜의 수립, 기본설계, 시공업자 선정, 공사 관리. 유지보수의 단계별로 필요할 때마다 그 기능을 외부업체에 외주를 주거나 임시직을 활용하고 각 단계가 끝나면 그 단계의 직원을 해고하였다. 마스터플랜을 위한 기술진은 마스터플랜이 끝나면 해고하고 다시 다음 단계인 기본설계에 필요한 기술자를 채용하는 방식이다. 이에 따라서, 사업이 끝났을 때는 사업을 시작하기 전보다 시 전체의 기구와 조직이 크게 늘어나지 않았다. 만일 도시 재개발의 모든 단계에 필요한 인력을 정규직으로 모두 채용했다면 시는 엄청나게 비대하여지고 그 인건비 부담에 어려움을 겪었을 것이다. 인건비는 고정비이다. 고정비를 줄이는 것은 원가절감의 기본이다.

사장은 늘 매의 눈으로 회사 내부를 지켜보아야 한다. 회사의 기구와 조직은 회사의 업무를 수행하는 데 효율적인지. 필요 없는 인력이 근무하고 있는 것은 아닌지. 꼭 필요한 보직이 공석은 아닌지. 아울러 회사 내 조직들은 상호 견제와 균형을 이루도록 유도해야 한다. 사장은 인사권으로 회사를 경영한다.

행복한 일상

> 기업은 평화로우면 안 된다. 늘 갈등과 긴장 상황이어야 한다.

코로나 19가 맹위를 떨치던 대유행 초기에, 그 중심에서 한 94세 할머니가 화제가 된 적이 있다. 할머니는 코로나 19 확진 판정을 받고 병원에 입원하셨다. 그리고 완치가 되어 퇴원하셨다. 언론은 대서특필하였다. 연세가 많으시니 기저질환이 한두 개 없을 리가 없다. 고위험군이다. 할머니께서 젊은이들에게도 위협적인 코로나 19의 위험을 뿌리치고 건강하게 병원 문을 나서게 한 그것은 '행복한 일상'이었다고 한다. 할머니는 행복한 일상으로 돌아가고 싶은 열망이 너무 강했다는 것이다. 병원에서 아들과 전화하면서도, 감기에 걸린 정도라며 걱정하지 말라고, 금방 집으로 갈 것이라고 하셨다고 한다.

할머니가 코로나의 병상에서도 그 끈을 놓지 못했던 그 행복한 일상은 사실 객관적으로 행복하지 않은 일상이었을지 모른다. 할머니는 결혼을 하고 아들 셋을 줄줄이 낳으셨다. 그런데 할아버지가 먼저 이별을 고하시더니, 큰아들마저 할머니 곁을 떠나셨다. 그리고 둘째 아들이 또 위암에 걸렸다. 할머니께서는 둘째 아들의 병시중을 시작하셨다.

아들도 가족이 있었을 터인데 무슨 사연이 있었는지, 94살의 어머니는 병든 67살 둘째 아들을 돌보기 시작하셨다. 부산에서 사시다가 아들의 건강을 위해 공기 좋은 청도로 이사를 갔다가 거기서 코로나 19에 감염되었으니 어쩌면 아들 때문에 코로나에 걸린 것이 될 수도 있다. 증손주의 재롱이나 볼 나이에 무슨 병시중이라고 할지도 모른다. 그러나 할머니에겐 그것이 행복한 일상이었다. 자신이 없으면 일상생활이 어려운 병든 아들의 뒷바라지를 하는 것이 행복한 일상이었다. 그래서 감염병에 걸려도 오래 아플 수가 없었고, 하루빨리 집에 돌아가서 아들을 돌보아야 했던 것이다. 할머니의 늙고 야윈 어깨에 지어진 짐이 남들이 보기에는 가혹한 것 같지만, 본인에겐 그것이 행복한 일상이고 코로나도 이겨낼 만큼의 생에 대한 애착이 되었던 것이다.

잘 아는 캐나다의 한 비즈니스맨은 서울에 출장을 오면 꼭 삼성동의 한 호텔에 묵는다. 그리고 귀국할 때는 비행기 출국 시간에서 두 시간 정도 남기고 호텔을 떠난다. 시간이 촉박하다. 긴박하게 차를 몰고 인천공항에 도착하면 이미 탑승이 시작되었거나, 비행기가 곧 출발하니 아직 탑승하지 않은 승객은 빨리 비행기에 탑승하라는 마지막 안내 방송 중일 때가 다반사이다. 그나마 마지막으로 탑승을 하면 다행이다. 비즈니스 승객임을 감안하더라도 비행기는 마냥 기다려주지 않는다. 수시로 비행기를 놓치고 다시 호텔로 돌아온다. 왜 그러는지 물었다. 한 시간만 일찍 호텔을 나서면 되는데 왜 그렇게 늘 위험하게 공항에 가느냐고 물었다. 대답은 편한 일상이 싫다는 것이다. 시간을 넉넉히 계산해서 공항으로 출발하고 공항 라운지에서 느긋하게 비행기 시간을 기다리다가, 탑승 시간이 되면 비행기에 오르는 여유로운 일상이

사장학개론

싫다고 한다. 자신을 극한 상황으로 몰아붙이고 그 긴장을 즐기는 것이 취미란다. 비행기를 놓치면 금전적 손해가 막심하다. 하지만 그 위험과 긴장을 즐기는 것이다. 스트레스가 없는 여유로운 일상을 누구나 꿈꾼다. 여유와 한가로움이 뒤범벅된 그런 시간들을 바란다. 그러나 막상 바라던 그 상황에 놓이게 되어서, 모든 긴장과 스트레스에서 해방이 된다고 하여도 그것이 행복이 충만한 그런 상태는 아니다. 권태, 그것은 어쩌면 인간에게 가장 무서운 병이다. 그래서 사람들은 말로는 불평을 입에 달고 다니면서도, 위험과 긴장과 도전과 경쟁의 세계 속으로 스스로 걸어 들어간다.

나는 가족과 여행하기를 좋아한다. 미 대륙이나 유럽 등에서 긴 시간 함께 자동차 여행을 한 적도 있다. 나는 인터넷에 차고 넘치는 가족과 연인 그리고 부부간의 낭만 여행기를 믿지 않는다. 가족 또는 친지간의 장거리 여행은 많은 경우에 함께 떠나서 함께 돌아오면 그나마 성공이다. 필연적으로 싸운다. 장거리 해외여행을 다녀와서 의가 상한 친구들을 많이 보았다. 사이가 심각하게 나빠진 부부도 보았다. 여행이 길어지면 낭만이 아니다. 우리 여행도 별반 다르지 않다. 네 식구가 좁은 자동차에 오래 머물러야 하는 장기간의 여행은 때때로 짜증의 원인이 된다. 피곤하기도 하고 컨디션이 좋지 않을 때도 있다. 자칫 작은 일들이 가족 간에 큰 불화로 번질 가능성도 있다. 가장의 역할은 끝이 없다. 여행을 계획하고 경비를 지불하고 그 계획에 따라 가족들을 안전하고 안락하게 인솔하는 것 이외에도, 가족들이 편안한 상태인지 불평은 없는지 늘 관찰해야 한다. 그래서 식구들 분위기가 안 좋으면 멀쩡하게 잘 가고 있음에도 길을 잃었다고 거짓말을 한다거나, 잘 있는 노트북을 호텔에 두고 왔다고 왔던 길을 두 시간이나 돌아가야 한다고 하며 긴장을 조성하기도 해야 한다. 또 아주 평범한 시골식당에서 밥을 먹고 나서 그 식당이 미슐랭에서 별을 몇 개를 받은 아주 유명한 식당이라고 한다든가, 밥을 먹을 때 옆 테이블에 있던 사람들이 세계적으로 유명한 축구선수들이었다고 헛소리도 해야 한다. 긴장과 이완의 조화를 주어야 한다. 기차는 시끄럽지만, 아이들은 달리는 기차에서 잠이 든다. 그 흔들림이 규칙적이기 때문이다. 처음엔 신선하지만, 그것이 일상이 되면 그 신선함은 사라진다. 여행이 늘 신선하도록 하는 것은 가장의 책임이다.

사장은 때로는 조직 간에 이간질을 해야 한다. 조직 내 부서원들 간에 경쟁을 유도해야 한다. 조직이 안일해지는 것을 경계해야 한다. 사장은 가끔 회사의 재무상태가 문제가 없음에도 불구하고 회사가 어렵다고 부서별로 자구책을 마련하라고 엄포를 놓아야 한다. 경쟁사가 감원을 하고 있지 않음에도 경쟁사가 구조조정이라고 헛소리를 해야 한다. 느닷없이 일요일에 회사에 나와 보아야 한다. 그리고 영업부 김 대리는 토요일 일요일에도 불평 없이 근무한다며 포상을 하라고 지시해야 한다.

내가 탄 기차가 정지해 있는데 옆의 기차가 앞으로 가면 내가 탄 기차가 뒤로 가는 것처럼 느껴진다. 내가 정지해 있을 때 경쟁자가 전진하면 나는 정지한 것이 아니라 퇴보한 것이다. 사장이 일상에 익숙해지면 회사가 그렇게 된다. 사장은 자신과 기업에 행복한 일상을 제공해야 한다. 적당한 긴장을 주어야 한다. 그것이 멍에처럼 느껴질지라도 결국은 강한 개인과 기업을 만들어 줄 것은 분명하다.

믿는다는 것에 대하여

> 사장은 아무도 믿지 말아야 한다.

출처가 일본인 이야기이다. 일본의 어머니들이 자녀를 키우면서 들려주는 교훈적 이야기라고 한다. 어느 나라나 사형수에게 형을 집행하기 전에는 아마 원하는 것을 다 들어주는 배려가 있나 보다. 나쁜 죄를 짓고 그 죄의 대가를 치르기 위하여 형장으로 떠나기 전에, 그 사형수는 마지막 소원으로 어머니를 만나게 해 달라고 부탁을 하였다고 한다. 사람들은 사형수가 죽기 전에 어머니에게 참회하고 용서를 구하는 것을 상상했을지 모른다. 일본식 정서이긴 하지만, 그 사형수는 이런 예상을 깨고 마지막으로 보는 어머니의 얼굴에 침을 뱉었다고 한다. 그리고 어머니를 쏘아보면서, 왜 자신이 여섯 살 때 이웃집에서 못 한 개를 훔쳐 왔을 때 때리지 않았느냐고 울부짖었다고 한다. 나쁜 짓을 할 때 따끔하게 다스리지 않았기 때문에 바늘도둑이 소도둑이 되어서, 오늘날 자신이 형장의 이슬로 사라지게 되었다는 것이다. 아이에게 매를 아끼면 아이를 버린다는 영어 속담이다. Spare the rod, spoil the child.

물론 실화라기보다는 교훈적으로 만든 이야기인 것으로 추정한다.

혹시 어머니는 자식을 믿었을지도 모른다. 자식이 잘못되기를 바라는 어머니는 없다. 어머니는 마음속에 아들의 도벽을 인정하고 싶지 않았을지도 모른다. 혹은 어린이니까 그렇겠지. 철이 들면 도벽이 없어지겠지 라고 마음속으로 빌었을지도 모른다. 그러나 믿음과 무관심이 다르지만 그 결과는 비슷한 경우가 많다. 믿는다는 표현은 근거 없는 막연한 기대에 대한 다른 표현일지 모른다. 긍정적으로 생각하고 그것을 믿음이라고 생각하였을지 모른다. 누구나 좋은 것을 바란다. 좋은 것을 믿으려 한다. 그리고 그 믿음 뒤에 숨으려 한다. 믿었으니까 잘 될 것이라고 자신의 책임을 모면하려 한다. 하지만 그 결과는 냉정하고 참혹하다. 아이는 도둑에서 강도로 변해 있었던 것이다. 근거 없는 믿음은 게으름 또는 소극적인 것에 대한 자기변명인 경우가 많다.

많은 기업에서 임직원들의 배임 또는 횡령사고가 발생한다. 이런 사고는 매일 사장과 얼굴을 맞대는 관리부서에서 더욱 빈번하다. 때로는 사장의 친인척인 경우도 있다. 남이 못 미더워서 친척에게 맡겼는데 그 친척이 사고를 친 경우도 허다하다. 대개 이런 경우 사장의 변명은 한결같다. 믿었다는 것이다. 그 사람이 그럴 줄 몰랐다는 것이다. 정말 믿었는데 그런 일이 일어났다는 것이다. 금전적 손해뿐 아니라 마음의 깊은 상처까지 안게 된다. 사장은 남을 믿으면 안 된다. 특히 회사의 임직원은 더욱 그렇다.

서로 신뢰하는 것과 관리 감독을 게을리 하는 것은 다른 것이다. 그런데 정말 많은 사장들이 사장이 당연히 챙겨야 할 사안들을 소홀히 하면서 그것은 믿고 있기 때문이라고 변명한다. 사장이 기업을 경영하면서 놓치지 말아야 할 것이 현금의 흐름이다. 중소기업의 사장은 부단하게 자금의 흐름을 관찰하여야 하고 느닷없이 창고를 점검하여야 한다. 그래서 장부와 실제 창고에 있는 물건의 일치 여부를 점검해야 한다. 대개 믿는다는 이유로 이런 불시 점검을 게을리 하다가 큰일을 당하기도 한다. 법인도장의 사용대장이나, 공문 수발대장도 비정기적으로 점검해야 한다. 요즘은 수금이 다 통장에 온라인으로 성립된다. 실제로 많은 사고들이 임직원이 사장 모르게 수금통장을 만들어 그 계좌로 수금을 하는 경우이다. 장기적으로 특정 거래처의 매출이 회사 계좌에 입금되지 않아도 잘 발견하기 어렵다. 그래서 사장은 세금계산서나 청구서와 수금통장을 수시로 확인하여야 한다.

H씨는 잘 나가는 중견기업의 사장이다. 그는 회사의 규모가 상당한 규모로 발전했음에도 매일 오후 5시에 장부와 현금을 확인한다. 그리고 현금 시제가 겨우 만 원 정도가 차이가 났는데, 전 경리부 직원을 퇴근시키지 않고 그 원인을 밝혀내고서야 밤늦게 사장실을 나서는 것을 본 적이 있다. 돈을 만지는 보직은 돈에 관대하면 안 된다는 것이다. 사장은 때로는 적은 액수일지라도 민감해야 한다. 사소한 일에 목숨을 걸어야 한다. 그래야 큰일을 방지할 수 있다.

구매부서는 늘 요주의 부서이다. 사장은 구매품의서에 서명하는 데 뜸을 들일 필요가 있다. 결제하기 전에 최소한 서류를 오랫동안 보는 척이라도 해야 한다. 그것이 제품의 원료이건, 자재이건, 비품이건, 소모품이건 간에 나가는 돈을 줄이고 들어오는 돈은 늘려야 회사가 이익이 난다. 만일 하도급의 경우라면, 그것은 원 계약의 이행과 품질에 직결되는 일이다. 하도급이 말이 하도급이지 협력과 공생 관계이다. 그런데 하도급은 사업부서에서 결정하고 관리한다. 만에 하나 하도급에 문제가 생기면 사장은 권리는 없고 책임만 지게 될 가능성이 많다. 믿어서 될 일이 아니다. 사장은 관대하지 말아야 한다.

결재를 요청하는 임직원은 우선 결재서류에 대하여 사장에게 요약하여 설명을 할 것이다. 사장은 이때 그 설명을 귀담아 들어야 한다. 설명이 끝나기도 전에 결재서류에 서명하는 것은 좋은 습관이 아니다. 묵시적으로 당신을 믿는다. 당신이 만든 서류는 사장인 내가 눈을 감고 결재를 해 준다는 표현이 될지 모르지만, 그런 시그널이 상대방에게 나쁜 기회를 줄 수 있다. 사장은 결재하기 전에 결재를 원하는 임직원의 태도를 민감하게 관찰해야 한다. 양심에 반하여 작성된 서류를 사장 앞에 내밀고 결재를 기다리는 직원은 태도에 변화가 보이기도 한다. 평소와 다른 모습이 보이면 그 서류가 아무리 완벽해도 결재를 한번쯤 미루어 볼 필요가 있다.

제품의 원료를 구매할 때 만일 회사의 구매담당 부서장과 납품업자가 결탁하여 시장 가격보다 현저하게 비싼 가격에 납품을 하고 그 차액을 둘이 나누어 가졌다고 가정한다. 사장이 그 사실을 알게 되고 그 구매대금의 지급을 중지하였을 경우에 그 조치가 정당한가. 아니다. 회사가 갑으로, 그리고 납품업자가 을로 각각의 조건을 검토하고 계약을 체결하였다면 그 계약은 유효하다. 따라서 그 부당한 대금을 지급해야 한다. 결국 회사는 그 계약에 따른 원료 구매금액 전부를 다 지불하고, 추후에 구매담당 부서장에게 회사가 입은 손해액을 청구하는 수밖에 없다. 결국, 사장책임이다. 원료를 비싸게 사서 손해이고 그로 인해 제품 가격이 상승해서 손해이다. 사장은 기업의 모든 일에 대하여 최종책임이다. 직접 책임은 물론이고 도의적 책임이거나 지휘 책임이라도 지게 된다. 몰랐다고 실무에서 벌어진 일이라고 나도 피해자라고 해 보아야 소용이 없다. 사장은 치밀해야 한다.

사장은 바보 되기 십상이다. 손해보고 어디 가서 하소연도 못 한다. 사장은 임직원을 믿으면 안 된다. 믿기보다는 오히려 확인하고 또 확인하여야 한다. 사람을 아낄수록 더 확인해야 한다. 그래서 혹시 있을지 모르는 불미스런 결과를 미리 피해가야 한다.

속지 않는
몇 가지 방법

> 턱없이 많은 이익, 아주 높은 사람과의 특수 관계.
> 나에게만 알려주는 정보. 시간이 급하다 빨리 결정해야 한다.
> 이런 접근은 일단 의심해 보아야 한다.

　사기는 남을 속여서 경제적 이득을 취하는 행위이다. 사장은 사기를 직업으로 하는 사람들이 주로 노리는 타깃이다. 의외로 사기에 약한 그룹이 있다. 사회적으로 높은 지위를 가진 직업들이 그렇다. 네가 설마 나를 속이겠는가 하는 자신감에 스스로를 제어하지 못하고 허접한 속임수에도 쉽게 넘어가기도 한다.

　거절하기 힘든 사람으로부터 전화가 왔다. 유능한 국제 비즈니스맨이니 한번 만나 보라는 것이다. 신사적이고 도회적인 외모의 중년 남자였다. 나를 만나자마자 남미 에콰도르에서 아주 훌륭한 기회를 잡게 되었다면서, 에콰도르 대통령과 함께 찍은 사진을 보여준다. 에콰도르 교육청에서 교사들을 위한 사택을 지어 공급하기로 했다는 것이다. 에콰도르 전역에 일차로 1만 호의 주택을 짓는 사업이란다. 그런데 에콰도르는 개발도상국이기 때문에 한 개의 주택을 짓는 건축비가 만 불이란다. 그러니까 1만 호의 주택을 한 채에 만 불로 건축하는 사업이니 일억 달러 우리 돈으로 1,200억 원 규모의 프로젝트이다. 자기가 에콰도르 대통령과 잘 아는 사이라면서 둘이 찍은 사진을 보여준다. 그분께서 한국의 건실한 업체가 와서 이 사업을 해 주길 바란다는 것이다.

속지 않는 법 첫 번째는 높은 사람이나 고위급을 들먹이면 그것은 거짓이다. 대통령궁의 누구를 안다. 또는 누구 장관을 안다. 조달청을 잘 안다. 원하는 것이 무엇이든 다 해결해 준다. 이렇게 접근하면 분명 거짓이다. 특히 자기가 잘 아는 사람이 강력한 권력자이고 그 권력으로 어떤 사업의 사업자 선정과 관련하여 국내외에서 특혜를 누릴 수 있다고 하면 절대 믿지 말기 바란다. 개발도상국들이라고 국가 체계가 그렇게 허술하지 않다. 뿐만 아니다. 능력이 안 되는 사업자가 만에 하나 권력의 불법적 후원으로 사업권을 따냈다 하더라도, 그 사업을 제대로 수행하기 어렵다. 아프가니스탄 같은 경우가 그렇다. 전쟁 중이니 우량회사가 입찰에 참가하지 않는다. 시공이라면 제안서만 제대로 쓰면 1,000억 규모의 사업을 계약하는 것도 그렇게 어려운 일이 아니다. 문제는 아프가니스탄 자체가 제국의 무덤인데, 사업자들이 거기에 가서 사업을 성공적으로 수행하고 이익을 내기가 쉽지 않다는 점이다. 계약보다는 과업을 성공적으로 수행하고 적정의 이윤을 낼 수 있는가에 유념하여야 한다. 나는 그때 에콰도르에서 농촌개발사업에 컨설턴트로 참여하고 있었다. 그 사실을 설명했다. 나는 지금 에콰도르에 이미 진출해 있고 에콰도르 사회를 어느 정도 이해하고 있음을 밝혔다. 나에게 소개해 주신 분을 생각해서라도 그런 제안을 하지 말아 달라고, 나뿐 아니라 다른 사람에게도 그렇게 해 달라고 당부했다.

또 한 번은 우리 회사 임원의 소개로 한 기업의 대표와 임원진을 만나게 되었다. 그 가운데 한 사람은 서울 근교 한 도시의 자문위원 명함을 가지고 있었다. 그 위성도시에 서울시민과 그 도시주민을 위한 대규모 위락 단지를 개발하고 있다는 것이었다. 사업해서 부자 된 사람을 본 적이 있냐면서 돈은 부동산으로 버는 것이라고, 지금이 투자의 적기라는 것이다. 눈에 확 들어오는 개발 계획 청사진을 보여준다. 가장 노른자위의 토지에 투자할 수 있는 기회를 특별히 나에게 주겠다는 것이다. 자신들이 보장한다면서 제시한 투자 수익률은 상당히 높았다. 지금 몇 구좌 남지 않았다고, 오늘 가입하지 않으면 기회가 없을지 모른다는 것이다. 속지 않는 비결 두 번째는 서두르는 사람은 일단 의심해야 한다.

남미 칠레는 구리가 많이 난다. 구리는 참 경기에 민감한 자원인 것 같다. 경기가 좋으면 구리를 확보하기가 쉽지 않고 가격도 비싸다. 칠레에서 메일이 왔다. 서울을 방문할 계획인데 만나자는 것이다. 약속대로 우린 만났다. 자신은 특별한 임무를 갖고 한국에 왔으며 한국의 대기업들과 미팅을 했다는 것이다. 자신들이 우리나라에 와서 만났다는 대기업의 임원들 명함들을 나에게 보여주었다. 자신들이 한국에 온 것은 칠레 구리를 한국에 더 많이 수출하는 것과 한국의 투자를 받아서 아직 개발되지 않은 칠레의 광산을 개발하는 것이 주요 목적이란다. 그러면서 내가 자신들을 만난 것은 큰 행운이라며, 나에게 아무에게도 말하지 않은 특별한 조건으로 구리를 거래할 수 있게 해 주겠다는 것이다. 칠레의 한 구리광산에서 생산된 구리 가운데 노동조합 지분이 있는데 자신이 그 구리를 좋은 조건으로 나에게 넘겨 줄 수 있다는 것이었다. 99.99%의 품질이고 가격은 런던 금속거래소 가격에서 3% 뺀 가격 즉 LME −3% 조건이란다.

속지 않는 비결 세 번째는 너에게만 특별한 조건이라고 하면 일단 의심해야 한다. 그 사람 말을 다 믿는다고 해도, 칠레의 구리광산은 생산량의 일정 부분에 대한 판매권을 노조에 할애하고 있다는 말이 다 사실이라고 해도, 런던 금속거래소 가격으로 팔 수 있는 것을 왜 나에게 3% 싸게 파는지에 대한 설명이 아무래도 선뜻 납득이 안 된다. 말이 3%이지 거래금액의 3%면 어마어마하다. 구리 1톤 가격이 5~6천 달러 이상 하였던 적이 있음을 감안하면 3% 수익이란 정말 대단한 것이다. 그냥 특별한 인간관계로 제공될 수 있는 이윤이 아니다. 나중에 확인한 일이지만 그의 제안은 현실적으로 실현 불가능한 거래였다. 누가 나에게만 부여된 특별한 조건이라며 접근한다면, 그것은 한번 깊숙이 점검해 보아야 할 유혹이다.

에티오피아는 아프리카연합 본부가 있는 아프리카의 정치 중심지이다. 인구가 1억이 넘는 대국이다. D씨는 에티오피아의 선출직 상원의원이며 주요 부처를 맞고 있는 장관이다. 그는 나와 개인적 친분이 있었으며, 내가 아디스아바바에 머물 때면 D씨는 나를 늘 자신의 집으로 초대해서 만찬을 함께 즐겼다. D씨의 팔순 노모도 함께했다. 그 후 D 장관은 사절단과 함께 한국에 올 기회가 있었고, 나도 그를 집으로 초대해서 우리 가족들과 저녁을 함께 했다. D장관은 서울을 떠나기 전날 저녁 공식 일정을 모두 마치고 머물던 호텔에서 나와 커피를 마셨다. 그리고 그 자리에서 메모장에 한 회사 이름을 써 주었다. 설탕공장이었다. 그 공장은 파키스탄 투자자가 이미 투자를 해서 가동 중인데,

최근 생산이 중단되었다고 한다. 내가 아디스아바바에 오면 그 설탕공장의 인수문제를 함께 논의할 수 있다는 것이다. 인수조건은 아무것도 없으며, 은행채무를 승계하고 공장을 인수해서 경영만 하면 된다는 것이다. 아주 좋은 조건이다.

에티오피아는 커피의 원산지로 알려져 있지만 우리와 커피를 즐기는 방법이 다르다. 우리같이 커피를 걸러서 마시는 것이 아니라, 커피를 볶은 후에 갈아서 물에 넣고 보리차 같이 끓인다. 그래서 커피는 아주 진하다. 설탕 없이 커피를 즐길 수 없다. 커피는 꼭 설탕이 있어야 마실 수 있다. 아프리카 사람들이 즐겨 마시는 아프리칸 티는 녹차에 우유를 넣은 것이다, 이 역시 설탕이 없으면 못 마신다. 아프리카 사람들에게 설탕은 감미료 이상의 의미이다. 아프리카 사람들이 척박한 일상에서 유일하게 즐기는 생활의 여유가 이 차와 커피인데, 모두 설탕이 필수이다. 그래서 아프리카 사람들은 길을 떠나거나 남의 집을 방문할 때 설탕 주머니를 가지고 다닌다. 설탕은 그들에게 그렇게 소중한 달콤함이다.

아프리카의 1인당 설탕 하루 소비량은 3g인데 우리는 30g이다. 우리는 음식이나 빵 등에 이미 설탕이 많이 들어가 있다. 아프리카는 음식에 설탕이 없으며, 좀처럼 빵이나 과자나 청량음료를 사먹지 않는다. 그래서 설탕소비량이 적다. 설탕은 오로지 커피와 차를 마실 때만 먹는다. 아프리카 설탕은 우리가 먹는 설탕과 다르다. 천연 설탕이다. 그래서 훨씬 달고 아무리 먹어도 당뇨의 걱정이 없다고 한다. 길거리에서 사탕수수 줄기를 판다. 사서 바로 먹거나 냉장고에 식혀서 먹는다. 껍질을 벗겨내고 씹으면 달콤하고 시원하다. 청량음료와 비교가 안 된다.

아프리카의 재벌 중에는 설탕 거래로 돈을 번 사람들이 많다. 설탕을 자급자족하는 나라가 별로 없다. 정부가 수입을 막으면 값이 오르고 정부가 수입을 허가하면 설탕 값이 내려간다. 설탕 값은 늘 요동을 친다. 권력과 친한 사람들이 이 정보를 미리 입수한 뒤에, 설탕을 싼값에 수입하고 비쌀 때 팔아서 엄청난 이득을 챙긴다. 시민들은 권력과 자본이 결탁해서 서민들을 담보로 돈을 번다고 불평한다. 설탕 수급이 차질을 빚으면 시민들이 거리로 나선다. 아프리카 사람들에게 설탕은 단순한 설탕이 아니다. 나에게 그런 설탕공장을 맡아서 운영해 보라는 제안이 온 것이다. 그것도 그 나라의 장관이 제안한 것이다.

속지 않는 비결 네 번째는 누구의 말도 믿지 말아야 한다. 사업과 관련하여서는 부모님 말씀도 나라님 말씀도 믿어서는 안 된다. 나는 장관이 메모해준 설탕공장을 나름대로 조사해 보았다. 공장은 수도 아디스아바바에서 차로 3시간 거리였다. 공장은 비록 현대식은 아니지만 그런대로 격식을 갖춘 공장이었다. 노동력은 인근에 마을이 있어서 큰 문제가 없어 보였다. 사탕수수 농장은 공장에서 30분 정도 거리에 있고, 공장에 설탕원료를 공급하기에 충분한 규모였다. 그런데 공장은 오랫동안 가동이 중단된 것 같아 보였다. 왜 파키스탄 투자자가 시설을 다 만들어 놓고 설탕을 생산하다가 포기했는지 그 이유를 중점 조사하였다. 그 설탕공장은 주민들의 비협조로 가동이 중단된 상태였다. 주민들이 일종의 파업 중이었다. 어떤 이유로 주민들이 뭔가 중앙정부에 화가 단단히 나 있었는데, 그 화가 가라앉기 전에는 주민들의 협조를 얻어 공장을 재가동하기는 어려워 보였다. 그리고 정부와 주민 간의 불화는 쉽게 해결될 것 같지 않았다. D장관이 나의 능력을 과대평가 했는지는 모르지만, 외국인인 내가 정부와 주민 사이에서 사태를 원만히 해결하고 주민들을 다독거려 다시 생산으로 불러 모으는 것은 불가능해 보였다.

사실 남에게 속기가 쉽지 않다. 속는 경우가 이상한 경우이다. 그런데 남에게 속은 경우는 드러난 경우보다 훨씬 많다. 근본적인 이유는 욕심이다. 일확천금의 망상이다. 사람들은 현실을 믿기보다는 자기가 바라는 것을 더 믿는다. 국가기관도 속고 정부산하기관도 속는다. 대기업도 속고 중소기업은 더 속는다. 속지 않는 비결을 정리한다.

첫째 누구를 안다, 혹은 누가 뒤를 보아준다는 말이 나오면 경계해야 한다. 둘째 기회는 오늘뿐이라고 서두르거든 의심해야 한다. 셋째 너에게만 특별히 부여된 혜택이라고 하다면 가급적 피하는 것이 좋다. 넷째 아무도 믿지 말아야 한다. 친구도 친척도 아무도 믿지 말아야 한다. 부모도 자식도 믿지 말아야 한다.

속은 줄 알면서도 발을 빼지 못하는 사람들이 많다. 믿으면 안 되는지 알지만 그래도 믿고 싶은 것이다. 거액을 잃고도 증권가를 못 벗어나거나, 많은 돈을 잃고도 도박장 주위를 맴도는 심리일 것이다, 사장은 속으면 안 된다.

사장학개론

나무를 보는가
풀을 보는가

> 직원들의 안전을 위한 투자는 아무리 강조해도 지나치지 않는다.
> 안전을 위한 것은 아끼지 말아야 한다.

　우리 회사는 힌두쿠시산맥을 관통하여 도로를 건설하는 사업에 컨설턴트로 참여한 적이 있다. 옛 실크로드를 따라 건설되는 중앙아시아 고속도로 건설사업에도 참여했고 그 도로와 연결되는 지역도로망 건설사업에도 참여했다. 520Km의 도로 건설공사 타당성 조사와 120Km 이상의 도로 건설공사 컨설팅 서비스의 실적을 보유하고 있다. 나는 이들 사업지구를 여러 번 방문했다. 수차례의 생명이 위협되는 사건과 사고도 있었다. 사업지구는 대개 해발 3,000m를 오르내리는 산악지대였다.

　산은 세 부분으로 나뉜다. 해발 3,000m 이하 지역과 3,000m에서 5,000m 사이의 지역 그리고 5,000m 이상의 지역이다. 사람들은 3,000m보다 낮은 지역에 모여 산다. 나무가 있고 풀이 있고 물이 흐르는 곳이다. 농사를 짓기도 하고 목축을 하기도 한다. 3,000m를 넘어가면 나무가 거의 없다. 풀은 나무보다 강하다. 나무는 적응력이나 생존 능력이 풀에 미치지 못한다. 산은 그냥 황토이거나 아니면 풀들이 무성한 초원이다. 키 작은 나무들이 듬성듬성 보일 뿐이다. 그리고 해발 5,000m를 넘어 더 올라가면 산은 눈이다. 만년설이다. 곳곳이 여름에는 눈이 녹고 땅과 풀이 속살처럼 드러나기도 하지만 근본적으로 산은 설산이 된다.

힌두쿠시산맥에 사는 사람들은 해발 3,000m 정도까지 집을 짓고 산다. 그리고 여름이 되면 해발 5,000m까지 올라간다. 초록색과 파란색 물감 두 개만 있으면 그려낼 수 있을 것 같은, 세상은 녹색의 잔디와 그 위에 파란 하늘이 전부인 그곳에서 양들과 여름을 보낸다. 거기에 천막을 치고 머물며, 양들에겐 풍성한 풀들을 먹인다. 요즘 목동은 말 대신에 오토바이를 탄다. 목동은 양들이 풀을 뜯는 동안에 오토바이를 타고 양들이 한눈에 보이는 언덕에 올라 양을 지킨다. 양이 너무 멀리 가거나 들짐승이 보이면 양치기는 오토바이를 타고 쏜살같이 내려간다. 그 초원에 오토바이가 지나가면 황토색 바퀴 자국이 흔적으로 남는다. 멀리서 보면 초록 종이 위에 붉은색 선을 그린 것 같다.

현지 주민들의 도로 건설 사업에 대한 협조는 참 좋았다. 길은 산을 따라가다가 절벽을 만나거나 혹은 강을 만나면 사라진다. 멀쩡하던 길이 겨울을 만나면 눈이 내려 사라진다. 그리고 봄이 되어서 눈들이 다 녹아야 그 길은 다시 뚫린다. 겨우내 사람들은 고립된다. 응급환자가 발생하여도 달리 방법이 없다. 연료가 바닥이 나면 얼어 죽기도 한다. 도로가 건설되면 척박한 산속의 마을들은 도시와 연결이 된다. 생산한 농산물을 그날 시장에 내다 팔 수도 있고 도시에서 공산품을 마을로 가져올 수도 있다. 마을 주민들은 도로 건설 사업에 관심이 많았다.

산속 사람들에겐 아직 국가의 개념이 약하다. 부족이 우선이다. 부족엔 부족장들이 있고 마을별로 장로들이 있다. 결속력은 아주 강하며 부족별로 무장 세력들이 있다. 무장 세력들은 소총과 기관총 그리고 RPG 정도의 무기들로 무장하고 있는데 일반적으로 자신들 거주 지역을 방위하지만, 이 무장 세력들 몇 개가 합치면 대단한 위력이 생긴다.

밤에 오는 전화는 좋은 소식이 별로 없다. 밤에 전화가 왔다. 120km의 도로공사를 감리할 때이다. 현지에 파견된 우리 팀의 멤버 두 명과 현지인 기술자 한 명이 무장 세력에게 납치가 되었다는 것이다. 즉시 본사에 대책본부를 만들었다. 납치된 기술자들은 모두 우리나라 국적이 아니었지만, 만에 하나 상황이 좋지 않아지면 여러 가지 국제적 문제들이 발생할 수도 있었다. 납치한 세력이 자신들의 소행임을 밝히고 협상을 요구해 와야 하는데, 침묵이다. 이럴 땐 침묵이 더 무섭다. 납치범들은 인질 한 명당 30만 달러 정도의 몸값을 요구할 것이다. 첫날 밤이 지나고 현지인 기술자가 석방되었다. 아마 인질범들과 같은 부족이거나 인접 부족이었을 것이다. 그리고 삼 일째 되던 날 새벽에 납치된 우리 기술진 두 명 모두 무사히 돌아왔다. 탈출에 성공한 것이다. 밤에 지키는 사람들이 잠든 틈을 타서 도망쳤다는 것이다. 보복에 대비해서 현지 파견 기술진 전원을 안전지대로 대피시켰다. 현지 정부가 납치범으로 추정되는 무장 세력과 접촉해서 이제 안심하고 다시 현장으로 복귀해도 좋다고 할 때까지 우리 팀은 안전지대에 머물러야 했다.

제조업은 원료를 기계에 투입하여 제품을 생산한다. 사람이 그것을 관리한다. 원료, 설비, 사람이 3요소이다. 건설 관련 산업도 크게 다르지 않다. 재료, 장비, 사람이다. 건설재료를 건설장비가 시공한다. 그리고 그것을 사람이 관리한다. 제조업이나 건설업이나 그 요소들 가운데 가장 중요한 것은 사람이다. 콘크리트는 뜯어내고 다시 타설하면 되지만 사람은 돌이킬 수 없다. 프로젝트관리는 안전관리, 품질관리, 공정관리이다. 품질관리는 고객 만족에 관한 사항이다. 공정관리는 공사비와 관련이 있다. 공정을 맞추지 못하면 원가가 상승한다. 지연배상금을 물 수도 있다. 안전관리는 사람의 생명과 직결이 된다.

사장이 생산 현장이나 공사현장을 방문할 경우, 화가 나도 참아야 한다. 현장을 보면 시공회사의 관리능력을 한눈에 알아볼 수 있다. 건설재료의 야적 상태만 보아도 현장의 상태를 짐작할 수 있다. 현장에 가면 사장은 조심해야 한다. 사장 눈에는 현장이 돈이다. 돈이 굴러다닌다. 돈이 새는 것이 보인다. 하지만 참아야 한다. 사장이 참지 못하고 화를 내면 누군가 동영상을 찍어서 SNS에 올릴지도 모른다. 오히려 사장은 현장에서 직원들의 안전을 걱정해야 한다. 현장요원들이 현장 관리를 소홀히 하여 발생하는 손해보다 현장에서 발생하는 안전사고로 인한 손해가 더 크다. 현장의 안전은 막연하지 않다. 구체적이다. 관련법이 있고 매뉴얼이 있고 계약서의 조건들이 있다. 회사는 거기까지만 하면 민사상 또는 형사상 책임이 없다. 하지만 현실은 그렇지 않다. 무한책임이다. 안전 매뉴얼을 다 준수하고 계약상 회사의 의무를 다 준수해도 인적 사고가 나면 그것은 대항력이 없다. 해외프로젝트의 경우 각 나라의 정부와 여론이 사장을 압박한다. 따라서 안전문제는 프로젝트 관리에 가장 관심을 가져야 할 분야이다. 교통사고에서부터 식중독 사고, 현지인들과 마찰. 우리 팀 멤버들끼리 폭력, 절도, 강도 등등 한도 끝도 없다. 프로젝트는 준공 순간까지 아무도 모른다. 사장은 늘 안전에, 현장의 직원들이 생산단위 이전에 누군가의 아버지이며, 남편이며, 아들임을 고려해서 성공적으로 과업을 마치고 다시 가족의 품으로 건강하게 돌아갈 수 있게 최선을 다해야 한다.

말단 변호사와의 식사

> 안전한 이사를 위해서는 이사짐센타 사장님과의 친분보다는
> 지금 내 이삿짐을 나르는 실무자들과의 친분이 더 유효하다.

　아침 7시인데 전화벨이 울린다. 이런 전화는 좋은 소식보다 나쁜 소식이 더 많다. 총무이사는 숨이 넘어가는 목소리로 유력 조간신문에 우리 회사 기사가 1면에 났다는 것이다. 우리 회사가 서울지하철 건설공사의 감리를 할 때이다. 지금부터 20년도 더 지난 일이다. 신문기사는 서울시가 관내 지하철 건설공사 현장에서 구조물에 균열이가고 누수가 발생하는 등 심각한 부실시공 사례들을 적발해서 관련업체에 대하여 필요한 조치를 취하였다는 내용이었다. 이에 따라서 감리회사인 우리 회사에 대하여는 업무정지 15일의 행정처분에 처한다는 것이다. 그 기사 아래에는 서울지방검찰청이 부실공사에 불법행위가 없었는지 내사에 착수했다는 기사도 있었다. 업무정지 15일은 15일간 회사의 업무가 정지된다. 하지만 업무가 정지 되어도 자격이 정지된 것은 아니기 때문에 이미 계약한 사업들에 대하여는 아무런 영향을 주지 않는다. 다만 그 기간 동안에는 신규 계약을 하지 못한다. 15일 동안 계약을

　　　　　　　　　　　　　　　　　　　　사장학개론

하지 못하는 것은 견딜 만하다. 그로부터 3년 동안 국가를 당사자로 하는 계약에 따라서 정부와 산하기관 정부출연기관들이 발주하는 사업의 입찰에 불이익이 있다. 사실상 회사가 문을 닫게 될지도 모르는 심각한 상황이다. 민사와 형사보다 때로는 행정법이 더 가혹할 수도 있다. 지금이 그런 상황이다. 회사에 출근하여 사태파악에 나섰다. 현장의 책임자인 감리단장은 화가 단단히 나 있었다. 문건 하나를 나에게 보여준다. 몇 개월 전의 감리보고서이다. 문건의 수신자는 서울시이다. 감리자가 감리과업 수행 중에 공사현장에서 균열을 발견하고 비상주 감리원의 기술검토결과를 바탕으로 시공자에게 이에 대한 보완을 지시하였고 보강공사가 완료되었다는 보고내용이다. 감리자의 감리보고서가 서울시의 현장점검보고서가 된 것이다. 건설공사 과정에서 균열이 발생하였고, 감리가 이를 발견하여 보강하였다면 그것은 지극히 정상적이고 건전한 공사과정이다. 공사비나 품질에 아무런 영향을 주지 않았다. 발주자인 서울시가 피해를 입은 것도 없고. 준공 후에 이 지하철을 이용할 서울시민에게 예상되는 피해도 없다. 이럴 때 법적대응은 크게 두 가지이다. 하나는 본안소송이고 다른 하나는 가처분청구소송이다. 본안소송은 행정소송이다. 지금은 행정소송과 행정심판 가운데서 선택할 수 있지만 그 당시는 행정법원이 생기기 전이라서 행정심판청구가 필수였다. 서울시의 행정처분은 부당하니 이를 취소해 줄 것을 청구하는 소송이다. 그런데 만일 서울시의 업무정지 처분이 잘못된 것이라고 판결이 난다고 하여도 업무정지처분 기간인 15일이 지난 다음에 판결이 나면 회사는 이미 업무정지로 심각한 피해를 입은 이후이고 그 판결의 실익이 없다. 그래서 업무정치 처분의 효력을 본안 소송이 판결날 때까지 정지해 달라는 가처분 청구소송을 함께 해야 한다. 다행히 그 사건과 관련한 행정심판에서 우리 회사의 주장은 인용이 되었다. 그리고 서울시의 처분은 무효가 되었다.

사업의 규모가 커지면 이런저런 이유로 소송의 기회가 늘어난다. 사장의 입장에서 가장 신경이 쓰이는 것이 행정처분이다. 회사의 영업과 직결이 된다. 사실 행정처분에 대한 이의신청은 거의 받아들여지지 않는다. 소송으로 가는 요식행위일 경우가 많다. 행정실무자들도 민원인의 억울함을 이해 할 때가 있다. 하지만 법을 집행하는 공무원은 재량권이 없다. 법대로 하는 것이 당연하다. 이래저래 소송이 피할 수 없는 대안이 되는 경우가 있다. 민사이든 형사이든 행정이든 간에 소송은 원고와 피고와 재판부가 결과를 만들어 가는 과정이다. 그리고 그 결과는 아무도 장담하지 못한다. 소송은 쟁점을 무엇으로 하는가에 따라서 양상이 달라진다. 예를 들자면 물건을 납품했는데 돈을 안 준다. 이를 미지급 물품대금의 청구소송으로 한다면 상호 물품구매계약 당사자 간에 계약 이행 여부가 쟁점이 될 수도 있을 것이다. 하지만 이것을 사기 사건으로 쟁점화한다면, 구매자가 물건을 사고 그 대금을 지급할 의사가 있었는지가 쟁점이 될 것이다. 소송은 정말 흥미진진하다. 격투기경기 같다. 원고와 피고가 서로 공격과 방어를 주고받는다. 소송자체가 사람이 하는 일이다보니, 자주 있는 일은 아니지만 소송당사자들의 어처구니없는 실수가 판결에 영향을 주기도 한다. 상대방의 야비한 공격에는 기가 막힐 때도 있지만 합리적이고 신선한 공격은 당하면서도 멋있다는 느낌이 들 때도 있다. 재판의 매력이다.

기업은 고문변호사 혹은 단골변호사가 있어야 한다. 변호사도 자기 전문분야가 아니면 잘 모른다. 경우에 따라서는 변호사의 준비서면이나 소장이 우리 직원이 써 준 것에서 양식과 용어만 바뀐 경우도 있다. 사실 갑을 관계를 따지자면 변호사가 을이고 회사가 갑이다. 회사는 불평을 해도 된다. 난 한 지방자치단체와 소송을 지루하게 한 적이 있다. 1심에서 이기고 2심에서 졌다. 3심에 촉각이 곤두선다. 질지도 모른다고 예상하고 질 경우에 대한 대비를 하고 있었다. 결과는 이겼다. 그런데 이긴 과정이 참 허망했다. 원고 그러니까 지방자치단체의 소송을 대리한 변호사가 실수로 준비서면을 잘못 제출한 것이다. 서면에 거론된 회사 이름이 우리 회사 이름이 아니다. 결국 사각의 링에 우리선수와 심판은 제대로 등장을 했는데 상대방 선수가 바뀐 결과가 되었다. 우리가 성실히 제출한 서면에 대한 상대방의 반론이 없었던 것이다.

사장은 소송에 관심을 가져야 한다. 소송은 소홀히 하면 안 된다. 시비를 가리는 소송은 그것으로 끝나지 않는다. 부당해고인지 아닌지를 가르는 소송은 그것으로 끝나지 않는다. 부당해고라고 판결이 나면 복직을 시켜주어야 할지 모른다. 해고기간동안의 월급을 소급해서 이자와 함께 지급해야 할지 모른다. 정신적 피해에 대한 보상도 해야 할지 모른다. 사장은 모든 소송엔 관심을 가져야 한다. 사장이 관심을 보이는 것과 그렇지 않은 것에 대한 직원의 업무처리는 다르다. 나는 단골 법무법인의 대표변호사와는 식사를 거의 하지 않는다. 화지만 실제 소장을 작성하고 준비서면을 준비하고 서증자료를 수합하는 실무변호사와는 꼭 식사를 한다. 갑인 의뢰인이 을인 변호사에게 밥을 사는 것은 좀 비싼 밥을 사더라도 뇌물이 아니다. 법무법인의 실무변호사는 정말 바쁘다. 변호사도 사람이다. 관심이 가는 사건이 있을 것이고, 돈은 받고 변론은 하지만 맘에 안 드는 의뢰인이 있을 수도 있다. 재판에서 지고 나서 아무리 불평해야 일사부재리의 원칙에 따라서 한번 내린 판결은 번복되지 않는다. 차라리 밥을 사는 게 낫다. 갑과 을의 문제가 아니라 재판에 이기는 것이 목표이다. 사장은 때로 을에게도 고개를 숙여야 한다. 그것도 을의 대표가 아니라 말단 실무자에게 그렇게 해야 할 때도 있다.

노는 날과 쉬는 날

| 노는 날은 놀아야 한다. 쉬는 날은 쉬어야 한다.

나는 새로운 프로젝트를 수행하거나 혹은 시장개척을 위하여 어떤 나라를 방문하기 전에 먼저 그 나라의 공휴일을 검색해 본다. 가장 큰 이유는 업무상 현지에 출장을 갔는데 가는 날이 공휴일이라서 낭패를 보지 않기 위한 것이지만, 공휴일을 보면 그 나라의 역사, 문화, 종교, 사회 분위기 등등 거의 모든 것을 한눈에 알아볼 수가 있기 때문이다. 재미있는 것은 석가 탄신일이 나라마다 다르고, 마호메트 탄신일도 다르다.

프로젝트를 수행하면서 이 공휴일에 대하여 미리 파악하는 것은 매우 중요하다. 인도네시아는 이슬람 국가이다. 단일 국가로는 세계 최대의 이슬람 신자를 보유하고 있다. 그런데 인도네시아 이슬람은 금식월이 끝나고 나면 서로 선물을 하는 관습이 있다. 만일 평상시에 공무원에게 선물을 주면 뇌물의 여지가 있지만, 그것이 관행적인 풍속이라면 재고의 여지가 있다. 뇌물을 주지 않는다는 생각으로 이 기간 동안에 선물을 하지 않는다면 분명 나중에 힘든 일이 발생하게 될지도 모른다.

공휴일마다 그 공휴일의 특징과 성격 그리고 유래가 있다. 인도의 경우는 힌두교, 무슬림, 기독교, 시크교 그리고 불교와 관련되는 날들이 공휴일의 거의 전부를 차지한다. 또 중국은 전통적인 축제일들이 공휴일의 대부분이다. 나라마다 지역마다 공휴일을 즐기는 방식이 다르다. 현지에서 프로젝트를 성공적으로 수행하기 위해서는 이 공휴일을 올바로 인식하고 제대로 참여하는 것이 바람직하다.

우리나라는 지역마다 축제들이 참 많다. 봄이면 꽃을 주제로 한 축제들이 지역마다 꽃길을 수놓는다. 지역 특산물을 주제로 한 먹거리 축제도 열리고 지역의 특징을 테마로 한 축제도 많다. 그런데 축제는 달라도 그 내용은 크게 다르지 않다. 축제에는 일반적으로 먹거리 노점들이 줄을 서고 축제만 돌아다니는 것 같은 각설이 등이 흥을 돋운다. 노래자랑이 열리고 공개방송도 한다. 하지만 정작 축제의 주인인 마을 주민들이 참여하는 행사는 거의 없다. 외지 관광객들을 주요 대상으로 하는 돈벌이 잔치이다. 외국의 축제는 그렇지 않다. 축제는 마을 주민들의 행사이다. 마을 주민들이 스스로 조직하고 즐긴다. 관광객에게 보여주기 위한 축제가 아니라, 전통적으로 주민들이 자기들 방식으로 자기들끼리 즐긴다. 관광객은 그것을 구경할 뿐이다. 관광객들도 축제를 방해하지 않는다. 관광객이 너무 많거나 축제의 방해가 되면 주민들은 관광객에게 오지 말라고 한다. 축제가 관광객을 상대로 하는 돈벌이가 아니라, 마을 주민 전체가 함께 즐기는 것이 더 중요하기 때문이다. 축제는 노는 날이다.

우리의 관광지는 정말 손질이 잘 되어 있다. 아기자기하다. 깊은 산속 골짜기까지 관광객이 다니는 데 불편이 없도록 길이 나 있다. 주차장이 있고 상가들이 있다. 케이블카가 올라가고 계단이 있다. 외국은 자연을 가급적 보존한다. 자연에 손을 대지 않는다. 그 보존된 자연이 아름답다. 그 아름다움 속에서 쉬고 즐기기 위하여 사람들이 모여든다. 동네 공원 구석구석까지 사람의 손이 닿은 우리의 쉴 곳들이 예쁘고 편하지만 외국인들이 꼬집는 아쉬움이다. 자연은 그냥 두는 것이 좋다는 것이다. 사람의 손길이 닿는 만큼 자연은 훼손된다. 뿐만 아니다. 인공의 조형물이나 구조물은 유지관리가 필요하다. 그리고 유지관리에는 많은 돈이 든다. 언젠가 혹시 그 유지관리 예산이 모자라게 된다면 흉물스럽게 변할 수도 있다. 우리는 쉬는데도 좀 유별난 구석이 있긴 하지만 근본적으로 자연은 쉬는 곳이다.

우리나라 공휴일은 1월 1일 신정에 하루 휴무이다. 음력 설날이 3일 휴무이다. 3월 1일은 31절이다. 부처님 오신 날이 음력 4월 8일이다. 어린이날 5월 5일, 현충일 6월 6일, 광복절 8월 15일, 추석이 음력 8월 15일이다. 개천절 10월 1일, 한글날 10월 9일 그리고 크리스마스 12월 25일이다. 공휴일은 노는 날과 쉬는 날이 있다. 노는 날은 노는 날이고 쉬는 날은 쉬는 날이다. 전통 명절은 근본적으로 노는 날이다. 추석엔 길쌈을 하고 베를 짜고 마을별로 그 경쟁을 하였다. 대보름에는 제기차기, 팽이치기, 달집태우기, 다리 밟기, 그네뛰기 등을 했다. 그런데 이 놀이들이 근본적으로 혼자 놀 수 있는 놀이들이 아니다. 마을 사람들이 함께 모여서 놀던 놀이이다. 의외로 외국은 노는 날이 많다. 서양의 핼러윈 데이도 노는 날이다. 마을 어린이들이 이웃집 대문을 두

드리면 이웃은 화내거나 귀찮아하지 않고 미리 준비한 사탕을 준다. 함께 노는 날이다. 참여와 나눔이 있다.

노는 날과 쉬는 날은 다르다. 노는 날 쉬면 안 된다. 이웃과 함께 즐기라는 노는 날에 모두 문을 닫고 들어가서 혼자 쉬려 한다면, 공동체는 무너지고 개인은 고독해진다. 놀 때는 놀아야 한다. 이웃과 가족과 친척과 함께 모여 나누어야 한다. 사장은 직원들에게 놀 때와 쉴 때를 구분하여 그 동기를 제공해야 한다.

Chapter 4

슬기로운
노사관계

나를 만나는 사람들이 나를 만나기 전보다
더 가치로워지는 것을 바라보는 것은 매우 즐거운 일이다.

신입사원 공개경쟁 채용

> 중소 중견기업은 직원들이 자꾸 떠난다.
> 사장은 곁에 있는 직원들을 귀하게 여겨야 한다. 고마워해야 한다.

　우리 회사가 비록 중소기업이지만 해마다 신입사원을 공개채용하고, 그 공개채용의 기수를 정하여서 기수별로 단결하도록 유도하고, 그래서 확실한 직장 선배와 후배의 관계가 정립되고, 그것이 회사의 골간을 이루면, 장기적인 회사의 발전에 원동력이 될 것이라는 원대한 포부를 갖고 신입사원 공개채용을 단행하였다. 지금이야 인터넷이 대세지만 그땐 이런 공고는 신문이었다. 한 유력 신문에 대기업들과 어깨를 나란히 하여 공고를 냈다. 신입사원 공채는 그 자체가 순탄하지 않았다. 공고단계에서부터 시끄러워졌다. 우선 그 유력 일간지의 경쟁 관계인 또 다른 유력 일간지들에게서 전화가 왔다. 왜 그 신문에만 공고를 냈느냐는 것이다. 자기 신문에도 공고를 내야 함은 당연한 일이며 만일 자기 신문에도 공고를 내지 않으면 좋지 않은 일이 발생할 수 있다는 것이다. 또 다른 신문사는 자기네 신문은 반값에 공고를 내줄 테니 자기네 신문에도 공고를 내라고 연락이 왔다. 그런데 정작 문제는 마감일이다 되어 가는데도 충분한 지원서가 도착하지 않는 것이었다. 회사가 야심차게 신입사원공개채용에 나섰는데, 인원이 미달이라면 그 또한 안팎으로 회사의 체면이 서지 않는 일이다. 임원들을 총동원하며 모교에 연락하여 취업담당자들에게 지원자들을 보내 줄 것을 당부하게 하였다. 그리고 우여곡절 끝에 공채 1기 신입사원을 선발하였다.

우리 회사는 해마다 연초에 연수원을 빌려서 1박 2일 일정으로 전직원 연수를 실시하고 가을엔 한강 고수부지에서 전 직원 체육대회를 한다. 신입사원들은 입사한 지 며칠이 안 되어서 연수에 참여하게 되었다. 저녁엔 회식과 함께 부서대항 레크리에이션이다. 신입사원들은 단연 돋보였고 회사의 활력이었다. 그런데 거기까지였다. 전사적인 관심과 배려는 물론이고 공채사원이 퇴사를 하면 부서장에게 책임을 묻겠다는 사장의 엄포에도 불구하고 그해 가을 체육대회 이전에 공채사원들은 모두 회사를 떠났다. 당사자들의 입장에서는 우리 회사를 하루아침에 포기하고 떠날 만큼 매력적인 곳에 취업이 된 것이니 축하할 일이지만, 이를 바라보는 나의 실망은 매우 컸고 마음이 많이 상했던 기억이다. 그리고 나는 그 신입사원 채용제도라는 것이 제도 자체에 문제가 있음을 알게 되었다.

외국은 신입사원을 뽑지 않는다. 뿐만 아니라 일 년에 한 번 무더기로 채용하지도 않는다. 따라서 신입사원 공채 몇 기라는 말이 성립하지 않는다. 예외가 있을 수 있지만, 일반적으로 그렇다. 국가 공무원도 경력이 없는 신입직원을 선발하지 않는다. 기업이나 국가가 교육기관이 아니다. 사원을 선발해서 직무교육을 시켜서 현업에 투입한다는 발상 자체가 성립하지 않는다. 기업과 국가는 일 년 내내 필요할 때에 필요한 만큼 직원을 채용한다. 채용되려는 사람은 요구된 학력과 경력을 충족해야 한다.

국제기구엔 인턴이 넘쳐난다. 유엔본부는 물론이고 산하기관도 그렇다. 인턴은 무급이다. 월급이 없다. 그래도 지원자가 넘치는 것은 이 기구에서 일한 경력으로 자기 나라에 가서 공무원으로 채용되려는 것이다. 미국과 유럽의 대부분 건축과는 5년이다. 이 가운데 1년은 실무경험이다. 학부에서 실제로 기업에 1년간 근무하면서 실무경험을 가져야 졸업자격이 주어진다. 그래서 그 대학 출신은 인턴 경험이 없어도 졸업과 동시에 취업이 된다. 국제 취업시장에서 대학 졸업이 곧 취업 자격을 의미하지 않는다. 학력뿐 아니라 경력이 있어야 취업이 가능하다. 기업의 구인공고는 아주 구체적이다. 예를 들어서 컨설팅 회사에서 이코노미스트(Economist)를 채용한다면. 경제학 가운데 어떤 분야의 어떤 학위를 갖고 있어야 하며, 지역개발사업에서 경제전문가로 어떤 프로젝트에 몇 년을 근무한 경험이 있어야 하며. 어느 지역에서 근무할 것이며, 월급은 얼마인지 등을 구인공고내용에 포함한다.

사실 중소기업은 대기업보다 모든 것이 열악하다. 우선은 중소기업 노동자들이 대기업 노동자들에게 상대적으로 기가 죽어 있다. 하지만 중소기업의 장점도 있다. 대기업의 과장은 엄두도 못 낼 중요한 업무를 중소기업 대리는 경험할 수도 있다. 중소기업은 초급사원들에게 대기업에 도전하기 위해 필요한 경험을 쌓는 데 효율적일 수도 있다. 중소기업 입장에서는 인재를 가르쳐서 이제 겨우 쓸 만해졌는데 회사를 떠나는 아쉬움이 있다. 하지만 그것마저도 기업의 사회적 역할 가운데 하나라고 생각하면 즐거울 수 있다.

조선시대 공무원의 임용은 투 트랙이었다. 하나는 과거시험을 통한 공개채용이고 다른 하나는 천거에 의한 특별채용이다. 조선시대 유명한 공무원들이 대개 천거에 의하여 채용된 것을 보면 추천이나 특별채용이 꼭 조직에 나쁜 영향을 주지 않을 수도 있다. 추천에 의한 임용도 따지고 보면 좋은 제도이다. 추천하는 사람이 입사자의 보증인이 된다. 그래서 나는 그 공채가 실패로 끝난 이후에 다시는 임직원을 공개채용으로 임용하지 않았다. 결원이 생기면 임원들에게 추천하도록 하였다.

우리 회사가 부설연구소를 만들면서 병역특례를 검토한 적이 있다. 그런데 정작 연구소가 문을 열기도 전에 문제가 발생하였다. 소문이 나면서 정말 거절하기 힘든 사람들에게서 연락이 왔다. 아들이 군대 갈 때가 되었는데 우리 회사 부설연구소에서 병역특례로 근무하게 해 달라는 것이다. 그래서 연구소만 만들고 병역특례는 그 자체를 신청하지도 않았다. 채용과 관련하여 발주처 공무원들이나 친지들로부터도 자녀를 맡아 달라는 부탁이 오기도 한다. 적조했던 분들이 다정하게 연락이 오면 둘 중 하나이다. 돈을 빌려 달라거나 아니면 취직을 시켜달라는 것이다. 고향의 친척들은 불문곡직하고 아들을 보낼 테니 자리를 만들어 놓으라고 하시기도 한다. 나는 내가 이력서를 인사담당자에게 내려보내고 채용하라고 한 적이 없다. 나름대로 그것이 조직의 건전성을 담보하는 것이라고 생각했기 때문이다. 채용과 승진 그리고 보직과 연봉 등 인사에 있어서만큼은 정말 공평무사하려고 했다. 나는 샐러리맨을 10년 정도 하였고 인사가 노동자의 가슴에 얼마나 큰 상처를 줄 수 있는지 경험했기 때문이다. 직위와 직책 그리고 연봉은 샐러리맨들에겐 그 자체 이상의 의미가 있다. 그것이 흔들리면 회사가 흔들린다.

중소기업은 필요한 인력을 구하기 어렵다. 그나마 불황에는 여건이 좋은 편이다. 시중 경기가 좋으면 직원들은 스카우트 되어 가거나 다른 업종으로 떠난다. 사람을 키우기가 어렵다. 사장 눈높이에서 보면 맘에 드는 임직원은 많지 않다. 하지만 지금 곁에 있는 직원이 최고라고 믿어야 한다. 한창 바쁠 때 그만둔다고 하면 난감하다. 갑작스러운 이직에 대비하여 여유 있게 여벌의 인력을 확보하고 있어야 하지만 현실적으로 어렵다. 지금 함께하고 있는 직원이 가장 소중하다.

누구 편을 들 것인가

> 상급자와 하급자 사이에 발생한 분쟁에 대하여
> 사장은 상급자 편을 들어야 한다.

부서장을 영입했다. 그 분야에서 업계에 두각을 나타냈던 인재였다. 그 부서는 부서장과 과장 2명 그리고 대리 2명과 사원 1명 등 모두 6명으로 구성되어 있었다. 그 부서는 주요 업무가 계약관리는 물론 경쟁관계인 타 업체들과 업무 협의를 하고 그 업체들의 동향을 파악하는 것이 주된 업무였다. 따라서 부서원들 간의 긴밀한 유대관계가 강조되고 고도의 청렴성과 애사심이 요구되는 부서였다. 부서장은 이사급으로 영입했다. 공개채용 방식이었다.

아침에 총무부에서 그 부서가 아무래도 심상치 않다고 한다. 일과 시간이 넘었는데 그 부서에 아무도 출근을 하지 않았다는 것이다. 출장이 많은 부서이긴 하지만 전 부서원이 한꺼번에 출장을 가는 경우는 없다. 총무부에 그 부서에서 무슨 일이 있었는지 알아보도록 했다. 지나가면서 언뜻 보니 정말로 그 부서에는 아무도 없다. 텅텅 비었다. 계약업무는 날짜가 있다. 그 날짜에 필요한 서류와 함께 계약 준비를 하

사장학개론

지 않으면 낙찰은 무효가 되고 다음 업체에게 계약의 기회가 넘어간다. 하루도 공백이 있으면 안 되는 부서이다.

부서장을 제외한 모든 부서원들은 회사에 출근하지 않고 회사 인근 커피숍에 모여 있다는 것이다. 당장 오늘 처리해야 할 업무들이 있을 터인데 부서 업무가 마비된 것은 확실하다. 이럴 때 부서장을 불러서 추궁해 보아야 별 도움이 되지 않는다. 부서장은 입사한 지 얼마 되지도 않았다. 책임을 지겠다고 회사를 그만둔다고 하면, 애써 그 부서장을 영입한 회사로서는 암담하다. 아마도 신임 부서장은 혼자서 전전긍긍하며 사태 해결과 업무처리에 최선을 다하고 있을 것이다.

총무이사에게 요구사항이 무엇인지. 해결책은 무엇인지 확인하도록 조치했다. 부서원들이 그 부서장과는 더 이상 일을 못 하겠다는 것이다. 부서장을 해임하지 않으면 업무에 복귀하지 않겠다는 것이다. 신입 부서장이 나름대로 조직을 장악하고 업무성과를 내기 위하여 부서원들을 거칠게 다뤘나보다. 부서원들은 자신들의 근무 관행이 있는데 신임 부서장이 과감하게 이를 개선하려 하니 불만이 있었나보다. 그러던 차에 저녁 미팅 중에 부서장이 과장 한 명에게 인격을 자극하는 표현을 하였고 이에 분노한 부서원들이 퇴근길에 함께 모여 다음 날 아침부터 회사에 출근거부라는 집단행동을 결의하였다고 한다.

총무이사에게 명하여서 즉시 회사의 업무에 복귀할 것을 지시하고 이를 어기면 사규에 따라서 전원 처리할 것임을 통보하도록 하였다. 총무이사는 그 부서에 당장 무슨 과업들이 계류 중인지 모르는 상황에서 직원들의 출근거부가 지속될 경우 회사에 미치는 손해와 타 부서 직원들에게 이 소식이 알려질 경우에 예상되는 부정적 요인들을 거론하며,

커피숍에 있는 직원들을 달래야 하지 않겠느냐는 의견이었다. 나는 거절하였다. 내가 급하면 상대방도 급하다. 오늘 꼭 처리해야 할 업무가 있다면, 우선은 그 업무를 담당하는 직원 본인의 마음이 가장 조급해질 것이다. 총무이사를 통해 회사의 강경한 입장이 전달되고 나서 얼마 지나지 않아서 선임 과장이 나에게 찾아왔다.

사장님, 저희 부서 일로 번거롭게 해 드려서 죄송합니다. 저는 우리 부서원들을 대표하여서 지금 사장님을 뵈러 왔습니다. 우리 모두는 신임 부서장과 도저히 더 이상 함께 근무할 수 없다는 결론에 도달했습니다. 사장님, 결정해 주십시오. 부서장입니까, 부서원입니까. 사장님께서 부서장을 선택하신다면 우리 모두는 회사를 떠나겠습니다. 여기 저와 우리 부서원 5명의 사직서가 있습니다. 사장님의 현명하신 판단을 기다리겠습니다. 오늘 점심시간까지 우리는 회사 앞 커피숍에서 기다리겠습니다. 만일 낮 12시까지 연락이 없으면 우리는 사표가 수리된 것으로 알고 각자 자기 갈 길을 가겠습니다. 사직서라고 쓰인 봉투들을 탁자 위에 올려놓고 일어서려 한다. 나는 잠시 앉아서 내 이야기를 들어줄 것을 요청했다.

내가 사장이 아니라 자연인의 입장에서 신임 부서장보다 과장님과 부서원들이 더 정이 많이 들고 믿음이 가는 것은 당연한 일입니다. 함께한 시간들이 더 많고 공유하는 추억들도 더 많습니다. 뿐만 아닙니다. 회사로서는 위급 시에 관리자보다는 실무자가 더 절실합니다. 관리자의 자리는 공석으로 남길 수 있지만, 실무자는 한 시간만 자리를 비워도 업무에 차질이 옵니다. 나는 부서원들의 입장을 이해합니다. 부서원 편에 서야 합니다. 그런데 나는 과장님에게 한 가지 물어보고 싶은 것 있습니다. 과장님도 대리 또는 사원들과 함께 업무를 합니다. 만일 과장님이 나와 같은 처지라면 어떻게 처리하겠습니까. 과장님이 주동이든 아니든, 이미 부서원들은 단체행동을 했습니다. 단체로 출근을 거부했습니다. 그것은 회사에 대하여 업무를 방해했다고도 볼 수 있지 않겠습니까. 만일 그 행위로 회사에 손해가 발생한다면 불행하게도 회사는 과장님과 부서원들에게 그 배상을 요구하게 될지도 모릅니다. 어려움이 있으면 왜 회사에 미리 알리고 대화하려 하지 않으셨습니까. 다중의 힘으로, 업무를 인질 삼아서 회사에 협박하면 내가 할 수 있는 일이 없습니다. 가서 부서원들과 상의 하십시오. 그리고 즉시 업무에 복귀하십시오. 그러고 나서 대화합시다. 사직서는 총무이사님께서 갖고 계시기 바랍니다. 12시가 되어도 출근하지 않은 직원은 사규대로 처리하기 바랍니다,

부서원들은 12시 이전에 모두 업무에 복귀했다. 그 부서 직원들의 빈자리는 회사에 즉시 소문이 퍼졌고 다른 부서 임원들까지 걱정스러운 눈초리로 보고 있었는데 다행히 찻잔 속의 태풍으로 조기에 수습이 되었다.

나는 부서장인 이사와 과장, 대리 그리고 사원 등 그 부서 전체를 내 방으로 불렀다. 그리고 비 온 뒤에 땅이 더 굳어지듯이 피차에 서로 이해와 협력으로 업그레이드된 인간관계를 당부하였다. 마지막으로 이미 이번 일을 회사 내외에 다 알려지고 화제가 된 만큼 그냥 넘어갈 수 없으며 누군가 한 명은 책임을 져야 하므로, 상의해서 누가 책임을 질 것인지 총무이사에게 통보할 것을 지시하였다. 이번 사건은 이것저것 다 빼고 나면 결국은 하극상 사건인데, 그냥 넘어갈 수는 없지 않겠느냐고 이해를 구하였다. 그리고 나를 만나러 온 그 선임 과장이 책임을 지고

회사를 떠났다. 그 친구는 정말 놓치고 싶지 않은 친구이고 업무 능력과 인간성도 기억에 남을 만큼 출중한 친구였다. 그 친구와 저녁을 먹었다. 사장님, 읍참마속의 심정으로 제 사표를 수리하십시오. 나중에 다시 사장님과 일 할 기회가 있었으면 좋겠습니다.

회사는 늘 조직 간에 그리고 조직 안에 갈등이 발생한다. 우리 어머니는 형제끼리 싸우면 늘 형의 편을 들었다. 집안의 질서를 위한 것이었다. 나는 회사 내부의 직원들 간의 문제는 늘 원칙대로 처리하였다. 조직의 상급자가 우선이다. 사장은 상급자 편을 들어야 한다. 직원들 간의 갈등을 회사가 미연에 방지하면 좋지만, 그렇지 못할 경우가 많다. 사후처리는 상급자 우선이다. 그리고 운용의 묘를 살려야 한다. 직원들 간의 문제에 대하여 회사의 처리가 확실하지 않으면 회사가 직원들에게 대접을 못 받는다.

S/W 합동단속

> 직원들은 회사에 출근해서
> 업무시간에 회사 업무를 하지 않고 있을 수도 있다.

소프트웨어 합동단속입니다. 수사관이 사장실 문을 열고 들이닥친다. 먼저 자신의 신분을 밝히고 자신들의 우리 회사 방문과 조사가 합법적임을 알리는 문서를 제시한다. 아울러 단속 팀이 사법기관과 민간 컴퓨터 전문가들로 구성되어 있으며, 그 전문가들이 회사 내 모든 컴퓨터에 어떤 프로그램들이 깔려있는지 확인할 것이고 만일 불법 소프트웨어가 발견되면 이에 합당한 조치가 이루어질 것이라고 설명하며 협조를 당부한다. 그 검찰청 직원은 내 방에서 떠나지 않고 나를 지킨다. 그리고 전문가들이 컴퓨터를 조사한다. 얼마 되지 않아서 단속팀은 우리 회사의 불법 소프트에어 사용실태를 나에게 보여주며 이의가 없으면 서명하라는 것이었다. 거기엔 현재 사용 중인 소프트웨어는 물론이고 단속에 대비해서 삭제한 프로그램까지 모두 다 망라되어 있었다.

소프트웨어 단속에 적발되면 일단 검찰에 고발이 된다. 형사상 저작

권법 위반이다. 아울러 민사상 절차가 개시된다. 단속의 결과를 기준으로 우리 회사가 불법 프로그램을 사용해서 얻은 이익과 그로인해 프로그램 개발회사가 입은 손해에 대한 정산이다. 실제로는 검찰에 소환되기 전에 해당 소프트웨어 한국 총판매자 측과 합의를 한다. 합의 내용은 두 가지인데 하나는 소프트웨어 판매업자 측 변호사와 소프트웨어를 불법사용한 데 대한 배상금액을 협의하는 것이고 둘째는 적발된 프로그램들의 판매권자와 프로그램을 구매하기로 하고 그 수량과 단가를 합의하는 것이다. 만일 이 모든 절차가 원만하게 이루어진다면 그 합의서를 바탕으로 검찰은 벌금을 부과하는 선에서 소프트웨어 합동 단속을 마무리 짓게 된다.

정작 나를 슬프게 한 것은 정말 의외의 프로그램들이 적발된 것이다. 우리 회사는 대부분이 정부에서 발주한 사업들이다. 그래서 보고서 역시 아래아한글이나 발주기관이 사용하는 프로그램으로 작성되어야 한다. 만일 구조해석을 한다면 발주기관에서 통용되는 프로그램으로 해석이 되어야 한다. 수리 수문 분석을 한다면 역시 검증되고 발주기관에서 통용되는 프로그램을 사용한다. 그런데 전혀 다른 글꼴로 보고서가 작성되고 전혀 다른 해석 프로그램으로 해석이 되었다면 회사와 정식 계약이 되지 않은 과업을 회사에서 일과 시간에 회사 컴퓨터로 작업을 했다는 가정이 성립한다. 부서가 회사 몰래 아르바이트를 한 것이다. 뿐만 아니라 한 개 부서 전체의 컴퓨터에서 특정 게임프로그램이 발견되기도 하였다. 부서 내에서 부서원들을 청군과 백군으로 나누고, 부서원 전체가 그 게임프로그램에 접속하여 청백전을 했다는 것이다. 업무시간에도 하고, 일과 시간 이후에도 야근신청을 하고 그 시간에 게임을 했다는 것이다. 모든 컴퓨터는 판도라의 상자이다. 뚜껑을 열고 첨단 분석기술이 접목되면 무궁무진한 이야기가 나온다. 업무시간 내내 모니터에 주식시황을 띄워 놓고 있는 직원을 비롯해서 떳떳하지 못한 사이트에 자주 접속하는 임원들도 있었다. 문제는 상당수의 임직원이 업무시간에 회사에서 제공한 컴퓨터로 회사와 관련이 없는 일에 열중하고 있었다는 점이다.

이 문제의 해결을 위하여 캐나다 출신 기술자와 이야기를 나누었다. 30여 년을 캐나다의 세계적인 엔지니어링 회사에 근무한 경력이 있는 그 전문가는 나에게 시간표(Time Sheet) 작성을 권하였다. 사실 독립적인 공간에서 컴퓨터를 상대로 근무하는 전문가의 업무를 통제하거나 측량하는 것은 쉬운 일이 아니다. 가장 좋은 방법은 성과 베이스(Lump Sum Base)의 고용이지만 현실적으로 그런 방식의 고용은 국내에서는 어렵다. 결국은 시간기준의 고용(Time Base)이 현실인데, 회사는 노동자가 아침 9시부터 오후 6시까지 회사의 본인 자리에 앉아 있을 경우에 일을 하든 하지 않든, 성과가 좋든 좋지 않든 보수를 지급해야 한다는 맹점이 있다. 따라서 캐나다를 비롯한 선진국에서는 오래전부터 이 시간표 제도를 도입하고 있다고 한다.

나는 이 임원의 충고에 따라서 국제적 명성을 갖고 있는 미국과 캐나다의 컨설팅 회사들을 방문하여 그들의 노무관리시스템을 직접 확인했다. 그 회사들의 모든 임직원은 시간표(Time Sheet)를 작성한다. 사장도 시간표를 쓴다. 시간표는 30분 단위로 되어있다. 출근해서 퇴근하기까지 하루 동안 수행한 업무 내용을 기록하는 것이다. 예를 들어서 한 건축물 건설공사 설계 작업을 수행하는 직원의 경우, 출근하면 회사의 메인 컴퓨터에서 해당 도면을 불러내서 작업을 하고 퇴근할 때 하루 종일 작업한 도면을 회사 메인 컴퓨터에 다시 저장한다. 그리고 그 하루 일과를 30분 단위로 기록한 시간표를 관리부서에 제출한다. 관리부서는 이 직원이 메인 컴퓨터에 접속한 시간과 컴퓨터에 저장된 작업의 성과물 그리고 본인이 제출한 시간표를 확인하고 이 세 가지 항목이 일치하고 타당할 경우에 성실히 근무한 것으로 평가하고 보수를 지급하는 것이다. 현재 우리와 같은 자동출근부와 출입증만으로는 그 사람이 물리적으로 회사에 있었는가만 확인될 뿐이지, 회사에 머무는 동안 어떤 일을 했는지는 확인이 불가능하다. 실제로 우리의 급여가 선진국에 비해 낮아 보이지만, 성과나 근무 강도로 보면 현실은 결코 그렇지 않은 것 같다.

결과적으로 나의 시간표는 실패했다. 나는 이 시간표(Time Sheet) 시스템을 회사에 적용하려 했지만, 임직원들의 반대가 너무 거세어서 실현이 불가능했다. 임직원들은 시간표가 우리 정서에 맞지 않다는 것이다. 나는 양보하여 직원들 시간표는 임원들이 전결하고 임원들 시간표만 회사 관리부서에 제출하는 것으로 후퇴했다가 결국은 흐지부지되었다.

지금은 많은 회사들이 개인 컴퓨터 단말기에 보안과 감시 기능을 강화하고 있지만, 중소기업엔 아직 요원한 일이다. 직원이 몸만 회사에 있고 마음은 회사 바깥에 있을 수 있다. 혹은 일과 중에 다른 일을 하고 있을 수도 있다. 회사의 헛돈이 세는지 금고를 단속하듯이, 임직원의 시간을 단속하는 것이 건강한 회사를 만들기 위하여 사장이 관심을 가져야 할 분야이다.

사장님은 혼밥족

> 사장은 때론 혼자서 밥을 먹기도 해야 한다.

　잠실에 있던 우리 회사 사옥의 옆 건물 건물주는 아직까지 남아있는 몇 안 되는 원주민이다. 잠실이 개발되기 전부터 그곳에 토지를 갖고 계시던 분이다. 잠실은 한강변이다. 한강은 수천 년을 흐르면서 잠실 일대에 고운 모래를 날라다 쌓았다. 강변의 모래가 조성한 넓은 농토는 땅콩 농사에 적합했고 여긴 땅콩밭이었다. 잠실이 개발되기 직전 눈치 빠른 사람들은 강변의 땅콩밭을 사들이기 시작하였다. 1970년 초 한 평에 3천 원 하던 이 땅은 30년 후에 공시지가기준 한 평에 약 8천만 원으로 상승하게 되었다. 엄밀하게 말하면 그 건물주는 땅콩 농사를 짓던 분은 아니다. 농부가 아니라, 잠실 개발 직전에 땅을 사신 분이다. 일반인이 알기 전에 개발정보에 먼저 접근할 수 있는 위치에 있었고 땅을 사들일 수 있을 만한 경제력을 가지셨을 것이다. 수백억 원대의 건물을 가진 그분은 지금도 늘 점심을 혼자서 먹는다. 허름한 분식집 구석에서 콩나물 비빔밥을 주로 먹는다. 백발이 성성하신 많은 나이이지만 변함없이 혼자서 점심을 드신다.

지금도 그런지 모르겠다. 정부 혹은 정부투자기관, 지방자치단체 등의 사무실에는 기관장, 자치단체의 장이 집무실에 있는지 알려주는 표시등이 있었다. 기관장이 집무실에 있으면 표시등이 켜지고 방을 나서면 표시등이 꺼진다. 기관장 표시등이 꺼져야 간부들은 자리를 비울 수 있었다. 퇴근 시간이 지나도 퇴근을 하지 못한다. 기관장이 퇴근을 하고 지시등이 꺼져야 퇴근을 할 수 있다. 점심시간도 마찬가지이다. 점심시간이 되면 참모들, 적어도 국장급은 이 표시등이 꺼지기 전까지는 점심을 먹으러 자리를 뜨지 않았다. 기관장이 혼자 밥을 먹는 것을 방지하기 위해서이다. 만일 기관장이 점심시간이 되어도 식사를 하러 나가지 않고 집무실에 남아 있다면, 참모들 가운데 누군가가 기관장을 모시고 식사를 함께해야 했다. 기관장이 혼자 밥을 먹는다면 그것은 조직이 기관장에 대한 의무를 다하지 못한 것으로 간주되었다.

우리 회사에 고위 공무원 출신을 사장으로 영입한 적이 있다. 확실히 기업에서 잔뼈가 굵은 일반인 출신 사장과 공직자 출신 사장은 다르다. 가장 두드러지는 것이 점심시간이다. 공직자 출신 사장은 점심에 외부 일정이 없으면, 늘 회사 안의 임원들과 식사를 함께 한다. 직원들이 한참 몰리는 시간에 그들 사이로 몇 명의 임원들을 거느리고 밥을 먹으러 간다. 식사시간이 다 되어서 갑자기 사장이 임원에게 전화해서 함께 밥을 먹으러 가자고 하면 그 임원은 약속이 있어도 없다고 하고 사장을 따라나서야 한다. 고역이다. 사장의 식사가 은근히 직원들에게 스트레스가 되는 경우도 많다.

임직원은 사장에게 관심이 많다. 사장이 점심을 누구랑 먹는가 어디에서 무엇을 먹는가는 충분히 다른 임직원들의 관심이 될 수 있다. 다시 말하면 사장은 점심을 누구랑 어디에서 무엇을 먹는가에 있어서 직원들 눈치를 보아야 한다는 것이다. 만일 사장이 특정 임원과 매일 식사를 한다면 직원들을 사장이 그 사람과 특별한 관계라고 생각하게 될 것이다. 또는 사장이 매일 고급 음식점에서 비교적 비싸고 맛있는 음식만을 먹는다면 그것을 보는 임직원들은 괴리감을 느낄 것이다. 혹은 사장이 매일 점심에 반주로 소주 한 병을 마신다면 은근히 낮술을 즐기는 임직원들이 늘어나게 될 것이다.

사장은 과감하게 혼자 밥을 먹을 줄도 알아야 한다. 아까운 식사시간을 왜 그렇게 허비하느냐고 식사도 비즈니스라고 누군가와 식사를 함께 하고 사람을 만나서 대화를 하라고 할지 모른다. 하지만 사장도 때론 혼밥을 즐길 줄 알아야 한다. 그래야 혼자 밥 먹는 사람 심정도 이해하게 된다. 남에게 스트레스를 주느니 혼자 밥을 먹는 것이 훨씬 낫다.

끝 직장임을 경계하면서

인생의 막바지에 있는 사람들과는
가급적 이해관계를 맺지 않는 것이 더 좋다.
떠나는 사람에게 서운하게 하지 말아야 한다.

건설 관련 기업들은 일반적으로 비상근 임직원을 두고 있다. 건설 관련업은 신고제가 아니라 허가제이다. 따라서 법이 정한 일정한 조건을 갖추어야 정부로부터 관련 면허를 발급받아서 업을 영위할 수 있다. 그런데 이 허가를 받기 위한 조건 가운데는 인적 조건도 있다. 법이 정한 필수 요원들을 상시 고용해야 한다. 하지만 그 필수인원을 다 고용하기에는 인건비가 너무 부담스러운 기업들은 소위 비상근이란 조건으로 해당 인원들을 고용한다. 회사에 출근하지 않는 조건으로 고용하는 것이다. 인건비는 상근직원에 비하여 획기적으로 절감이 된다. 피고용자 입장에서도 그리 나쁘지 않다. 회사에 출근하지 않고도 사대보험과 경력이 유지되고 소득도 발생하기 때문이다. 대학원에 재학 중인 학생들이 주로 활용이 된다.

비상근 임직원은 업·면허 유지가 가장 큰 이유이지만, 회사의 업무수요가 그렇게 많지 않아서 굳이 상근일 필요가 없는 경우도 있다. 은퇴한 지 오래된 공직 출신 기술자들이 그렇다. 이분들은 일주일에 한두 번 회사에 출근해서 소일하다가 점심을 먹고 퇴근한다. 직책은 기술고문 정도가 대부분이다. 후배들이 하는 프로젝트에 자신의 경험을 바탕으로 자문과 충고를 해주기도 하고 문제가 발생하면 바람처럼 달려가서 해결해 주기도 한다. 회사로부터 받는 보수는 전성기 때나 상근임직원 때와 비교하면 작다. 그런데 법은 이 비상근 고용을 인정하지 않는다. 특히 업·면허를 유지하기 위한 필수요원을 직접 고용하지 않는 것은 불법이다. 정부는 관련 기관이 합동으로 기업을 방문하여 회사가 서류상 고용한 인원들이 실제로 근무하는지 점검하기도 한다. 만일 면허유지를 위한 필수요원을 회사에 상근시키지 않으면 형사처분에 업·면허 취소의 엄격한 처벌의 대상이 되기도 한다. 고용시장을 교란하고 허위문서로 정부의 면허를 취득했고. 그것을 행사해서 불법적 영업행위로 부당한 이익을 취한 범죄행위이다.

우리 회사는 27개 업 면허를 보유하고 있었지만 상근기술자가 300명이 넘었다. 업·면허를 유지하는데 필요한 인력은 충분히 있었다. 단지 그 분야가 우리 회사의 주력 분야가 아니라서 그런 고급인력을 상근으로 유지할 필요는 없었다. 그분은 기술사 면허를 갖고 계셨지만, 나이가 많은 고령으로 현장근무에 적합하지 않았다. 그분은 비상근으로 우리 회사에 입사하셨다. 출근하지 않아도 되지만, 만일 회사에서 필요한 업무가 있을 경우에 이를 의뢰할 수 있고 이 경우에 교통비와 수당을 지급하는 조건이었다. 보수는 수령액 기준으로 월 250만 원으로 합의하였다. 퇴직금은 없었다. 회사에 출근할 경우에 다른 비상근 임원들과 함께 사용하는 공간이 업무공간으로 제공되었다. 그분은 참 점잖은 분이었다. 판교의 넓은 아파트에 살고 계셨고 의사가 된 두 아들을 늘 자랑하셨다. 가끔 회사에 나오면 나를 찾아와 회사 사정을 묻기도 하고 한담을 나누기도 하고 점심식사를 같이하기도 하였다.

그분이 회사를 고발한 것은 참 충격이었다. 해촉을 할 때는 위촉을 할 때보다 더 신경이 쓰인다. 그래서 재직기념패나 공로패를 드리기도 하고, 식사를 함께하면서 그간의 노고에 감사를 드리기도 하고, 무엇보다 왜 해촉하는지를 납득이 가도록 충분히 설명해 드린다. 그분은 이 모든 절차에 별 이견이 없으셨다. 웃으면서 회사를 이해한다며, 이제 나이가 70이 훨씬 넘었으니 현장에 가기도 힘들었다고 하셨다. 젊은 기술자에게 자리를 양보할 때가 되었다며, 무려 10년 가까이 참 고마웠다는 감사의 말씀도 잊지 않으셨다. 그러던 분이 회사가 갖고 있던 기술사 자격증을 돌려받고 나서 태도가 돌변한 것이다. 노동부에 고발을 한 것이다. 내용은 상근직원으로 10년을 근무했는데 퇴사하고 나니 회사가 퇴직금을 안 준다는 것이었다. 노동부의 1차 조사에서 회사의 노무담당자는 고문변호사의 도움을 받아서 사실을 성실히 소명했다. 걱정이 없었던 것은 회사가 그리 잘못한 것이 없기 때문이다. 비상근도 고용의 한 형태이다. 노사가 쌍무적으로 충분히 검토하고 합의한 것이다. 회사는 고용계약의 모든 조건을 충실히 이행하였다. 만일 노동청이 비상근이었던 그분이 상근이라고 주장한 것이 받아들여지면, 회사는 현재 근무 중이거나 과거 근무했던 모든 비상근 근무자에게 퇴직금을 지급해야 한다. 그분이 회사가 당연히 지급해야 하는데 주지 않는다고 주장한 금액은 월 250만 원 급여에 대한 10년 근무 퇴직금과 연·월차

수당이다. 4000만 원이 넘는 액수이다. 다행히 1차 조사에서는 회사가 증거로 제출한 계약서와 관련 문건들이 인정되어서 회사의 주장이 인용되었다. 그런데 그분이 여기에 불복하여 재심을 청구하였고. 결국 우리는 지방노동청 근로감독과에서 다시 만나게 되었다. 그분이 퇴사하고 나서 처음이다. 10년을 함께 지냈다. 그리고 그 끝은 노동부 조사관 앞이다. 그분은 나와 눈을 마주치려 하지 않았다. 나는 왜 그분이 그렇게 변하였을까. 왜 사실과 다른 주장을 하면서 부당하게 나에게 돈을 요구하는 것일까 고민하였다. 그분은 경제적으로 궁핍하지 않다. 고학력자이고 화려한 사회적 경력을 갖고 있다. 동창회와 기술인 모임 등 사회와 활발한 인적 교류를 하고 있다. 그런데도 사실에 반하는 주장으로 부당한 경제적 이익을 추구하고 있다. 혹시 내가 그분을 서운하게 한 것은 아닌지 그분이 감정이 상하신 것은 없었는지 찬찬히 생각해 보았다. 암만 생각해도 회사에서 그 원인을 찾을 수 없었다.

회사의 한 부서를 책임지는 임원이 나에게 긴밀히 할 이야기가 있다고 한다. 모 정부기관과 계약하고 수행 중인 과업에 문제가 생겼다고 지금 막지 않으면 호미로 막을 일을 가래로도 못 막는다고 50만 원씩 4명에게 접대를 하면 해결이 될 것 같다고 전표를 가져와서 결재해 달라고 한다. 하도 진지하게 말하기에 그렇게 하라고 결재를 해 주었다. 그런데 이상한 것은 다음 날부터 그 임원이 회사에 출근하지 않는 것이다. 총무에게 연락해도 전화를 받지 않는다. 회사 내에 그 임원과 친하게 지내던 사람들을 통해서 연락을 취했다. 이상한 분위기가 감지된다. 그리고 며칠이 지나서 그 정부기관이 발칵 뒤집어졌다. 그 정부기관 감사실에 우리 회사가 그 정부기관의 주요 보직자 4명에게 50만 원씩 모두 200만 원의 뇌물을 주었다는 투서가 접수되었다는 것이다. 그리고 그 근거로 내가 서명한 전표의 사본을 제시했다는 것이다. 그 임원은 나에게 결재를 받은 전표를 복사해 두었던 것이다. 투서에 실명이 거론된 공무원들은 투서 내용이 사실무근이라며 흥분했다. 그 정부기관 감사실로부터 회사는 이 건에 대하여 직접 출두하여 진술하라는 요청이 왔다. 그때 그 임원에게서 연락이 왔다. 견딜 만하냐면서 이제 시작일 뿐이라고, 더 어려운 일들이 발생할 것이라고 자신의 입을 막으려면 5,000만 원을 현금으로 달라고 협박하였다. 그 임원도 나이가 정년을 넘어 이제 회사를 떠나야 할 위치에 있었고 업계의 다른 회사로 이직은 불가능한 형편이었다.

관리부의 한 직원은 회사가 지방에 한시적으로 사무실을 설치하고 운영하면서 관할 시청에 신고하고 납부해야 할 지방세를 내지 않았다고 그 시청에 신고를 했다. 담당자가 업무미숙으로 잘 몰라서 신고하지 않은 것이지만 결국 탈세가 되었다. 회사를 그만두면서 한 일이다.

학력과 경제적 여건, 평소의 성품 등 그런 것들과는 별 관련성이 없어 보인다. 정의 실현을 위한 내부고발과도 거리가 있다. 목적은 회사를 협박하여 경제적 목적을 달성하려는 것이다. 나는 이분들에게서 공통점을 발견하였다. 우리 회사가 그분들에게 끝 직장인 경우이다. 나이가 많아서 이젠 더 이상 경제 활동을 할 수 없는 분들, 또는 이런저런 이유로 업계를 떠나는 분들이다. 다시 취업할 것도 아니고 세간의 평이나 이런 것들로부터 자유로워지는 사람들이다. 사람들은 희망이 없어지면 자존심을 버리는 경우가 많다. 우리 회사 경력을 첨가한 이력서를

사장학개론

들고 구직 시장에 뛰어들어 재취업 가능성이 없으면, 막장으로 가게 된다. 물론 다 그런 것은 아니다. 그렇지 않은 분도 많다.

결국 이런 경우를 방지하기 위해서는 새로 채용하는 경우에 지원자에게 우리 회사가 끝 직장인지 아닌지를 면밀히 따져 보아야 한다. 근무 중인 모든 직원에게 지금 우리 회사가 끝 직장인지 아닌지를 늘 예의주시하여 끝 직장이 되기 전에 이직할 기회를 주어야 한다. 그렇지 않으면 지금 정말 나의 친구 같은 직원에게 우리 회사가 끝 직장이 되고 그 직원이 퇴사하는 날. 그분은 내가 회사를 위하여 청춘을 바쳤는데 회사가 나에게 해 준 것이 무엇인가 하는 생각을 하게 될지도 모른다.

사랑은 첫사랑보다 끝 사랑이 더 소중하다고 한다. 사람을 진짜로 사랑하게 되면 그 사람이 내 곁에 있는 것보다 다른 사람과 함께하면 더 행복하게 되지 않을까 하는 고민에 빠지게 된다. 상대방을 내 곁에 머물게 하고 싶은 것은 사랑이 아니다. 사랑이 식었는데 상대방을 너무 오래 붙잡고 있어서는 해피엔딩을 기대하기 어렵다. 떠나려는 사람에게 집착하면 사랑이 잔인해질 수도 있다. 사랑이 끝났을 때 두 사람은 원수가 되기도 한다. 중소기업은 대기업과 다르다. 중소기업 사장은 임직원이 회사에서 일을 배워서 믿고 맡길 만하면 다른 회사로 이직하는 현상을 즐거워해야 한다. 그것을 불평하면 안 된다. 보낼 수 있을 때 기꺼이 보내 주어야 한다. 그래서 우리 회사가 어떤 사람에게 끝 직장이 되지 말아야 한다.

사람끼리는 만남보다 헤어짐이 더 힘들다. 사람끼리 만났다가 헤어질 때 해코지만 안 해도 다행이다. 직원과의 만남이 나를 위한 이기적인 만남이 아니라. 그 직원의 발전과 행복을 위한 만남이어야 한다. 특히 떠나는 임직원들에게 잘해 주어야 한다. 법정 퇴직금 이외에 별도의 전별금을 지급하기도 해야 한다. 우리 회사에 근무하면서 서운함은 없었는지 살펴보아야 한다. 사장이 사과할 것이 있으면 사과하고 풀어야 한다. 사장은 임직원에게 져야 한다. 잘잘못을 따지고 이기려 하는 것보다 지는 것이 낫다.

인센티브의 한계

> 인센티브는 분명 동기를 유발한다.
> 하지만 구체적이거나 개인적이지는 말아야 한다.

사업이 어느 규모가 되고 정부 발주 사업을 주요 수입원으로 한다면 사법기관, 세무행정기관 그리고 사정기관과는 늘 어느 정도 이해가 있어야 한다. 세무서나 국세청은 적어도 5년에 한 번은 세무조사가 필수이다. 회사에 불만을 가진 임직원은 물론이고 경쟁 관계에 있는 기업, 하도급 또는 납품업체 등 협력업체는 잠재적 고발자이다. 수시로 사법기관에 투서하고 제보한다. 노무와 관련한 일이나 민사소송은 그래도 대처할만하다. 상대가 누구인지 알기 때문이다. 예기치 못할 때 사법기관에서 회사를 방문해 조사하고 가면 회사는 뒤숭숭하다.

우리 회사의 모든 임직원들에게 5촌 이내 혈족과 동창, 향우회 멤버 등 통하는 사람 중에 정부 또는 정부 투자기관, 출연기관, 산하기관 그리고 정치권 및 동종업계의 관련자 명단을 회사에 제출하게 하였다. 그리고 비공개로 그 인맥을 네트워크로 만들었다. 건설 관련 산업은 수주산업이다. 일반 제조업처럼 거래처가 안정적으로 형성이 될 수가 없다. 매번 계약하려면 국가를 당사자로 하는 계약에 관한 법률에 따라 경쟁을 해야 한다. 경쟁이 없는 수의계약은 2,000만 원 미만이다. 그 이상의 사업은 입찰을 통해서만 계약을 할 수 있다. 그리고 공개경쟁입찰은 그 결과를 아무도 장담하지 못한다. 실력만으로는 안 된다. 운도 따라 주어야 한다. 늘 긴장의 연속이다. 회사에 무슨 일이 있을 때, 회사의 인적 네트워크는 큰 힘이 된다. 만일 동종업계의 어떤 회사와 협력할 일이 있을 경우에, 우리 회사에 그 회사 출신 임원이 있으면 그 회사와 접촉하고 협의하는 데 도움이 된다. 물론 일이 잘 마무리되면 그 개인에겐 회사에서 고마움을 표시하는 것은 당연한 일이다.

여기서 한 발 더 나가서 우리 회사는 한 임원의 제안에 따라서 인센티브 제도를 도입하였다. 정보 수집에서부터 계약까지 혁혁한 공을 세운 임직원에게 금전적 포상을 함으로써 직원들 간에 건전한 경쟁을 유발하고, 그 경쟁을 회사의 발전으로 수렴하자는 의도였다. 인센티브는 계약금액의 5%를 현금으로 지급하기로 했다. 계약금액이 100억 원이면 5억 원이고 계약금액이 10억 원이면 5천만 원이다. 동기를 부여하기에 충분한 금액이었다. 시행 초기에는 임직원들의 자발적 참여가 매우 열성적이었다. 모이면 수주 이야기이고 인센티브가 화제였다. 임원들 개인별로 혹은 부서별로 회사 내엔 건설적인 움직임들이 활발하였다. 실제로 개인과 부서가 계약해 오기 시작하고 인센티브도 지급되기 시작하였다.

그런데 인센티브의 지급이 늘어나면서 예상치 못한 부작용이 나타나기 시작했다. 가장 눈에 띄는 것이 부서 간, 개인 간의 비협조였다. 매

사장학개론

주 모든 사업부서의 장들이 모여 논의하는 수주전략회의에 주요 발주 정보들이 누락이 되는 것이다. 부서와 개인이 인센티브를 나누고 싶지 않은 것이다. 정보는 독점되고 수주 활동도 각개전투였다. 경우에 따라서는 같은 사업을 두고 회사 내에서 부서 간에 경쟁을 벌이기도 하였다. 두 번째 문제는 악성 수주가 늘어난다는 점이다. 수익성이 좋지 않아서 다른 경쟁사들이 포기한 사업을 기를 쓰고 수주해 오는 것이다. 그렇게 되면 회사는 5%의 인센티브 이외에도 사업의 적자까지 감수해야 하니 이중으로 손해이다. 여기에 임직원들의 회사에 대한 근무 태도에도 변화가 온다. 우리 회사 임직원은 성과급이 아니라 고정급의 풀타임 정규 직원이다. 그런데도 인센티브 제도로 인해서 임직원의 급여는 전속금액이고 실질적인 수입은 성과급인 인센티브라는 인식이 싹트기 시작하는 것이다. 고용 관계나 위계질서에 좋지 않은 현상들이 감지된다. 부서 내 부서장의 업무지시에도 불구하고 이를 거부하고 수주업무에 더 집중하는데 그 배경엔 인센티브 제도가 있었던 것이다.

회사는 인센티브의 긍정적 효과에도 불구하고 수정을 하지 않으면 안 되었다. 결국 실적이 좋은 부서와 개인에 대하여 연말에 특별 상여금을 주는 것으로 변경하였다가 그것마저 폐지하였다. 회사가 임직원을 무한 경쟁의 수주지옥으로 몰아넣었다는 불평은 피하기 어려웠다. 신상필벌은 조직 관리의 무시되지 않는 한 원칙임에도 불구하고 인센티브 제도는 나에겐 득보다 실이 더 많았다.

대기업은 제도가 있고 그 제도를 적용하면 된다. 하지만 중소기업은 그렇지 못한다. 늘 새로운 길을 가야 하고 그 새로운 길이 나중에 제도가 된다. 특허에 관한 인센티브가 그렇다. 기술부서 직원들이 회사의 필요에 의하여 특허를 출원한다. 현장에서 사소한 아이디어라도 그것을 논리적으로 정리하여 출원하면 특허가 된다. 예를 들자면 도로의 가드레일만 해도 수십 수백 가지 특허가 있다. 도로 바닥에 교통안전이나 사고예방을 위한 표지나 시설물에도 엄청나게 많은 특허가 있다. 문제는 이 특허의 소유권이 누구에게 있는가의 문제이다. 회사는 당연히 회사 소유로 간주한다. 노동의 대가로 급여를 받는 직원이 일과 시간 중에 회사 업무를 하다가 취득한 정보나 아이디어나 성과물은 당연히 그 소유권이 회사에 귀속된다고 주장한다. 하지만 노동자는 다르다. 다른 노동자들 모두가 다 특허를 만들어주는 것은 아니지 않으냐는 입장이다. 특정 노동자가 다른 노동자들이 회사에 제공하지 못하는 특허를 제공해 주었다면 그것은 그 직원의 특별한 능력으로 보아야 하며, 그것은 고용계약서에 포함되지 않은 노동이란 주장이다. 따라서 회사의 소유가 아니라 개인의 소유란 것이다. 기술자들이 좀 그런 성향이 있다. 업무나 작업의 성과를 개인 소유로 생각하는 경향이 강하다. 문제는 이런 종류의 특허들이 사업 수주를 위한 경쟁에서 나름대로 역할을 한다는 점이다. 특허가 많으면 좋은 점수를 받아서 입찰에서 유리하다. 심한 경우에 기술 임원이 회사 업무 중에 아이디어로 특허를 출원해서는 사업 수주를 위한 제안서에 이를 인용하고 이 제안서로 사업을 수주할 경우 그 임원이 회사에 거액의 특허 사용료를 청구하는 경우도 있다. 만일 회사가 청구를 받아 주지 않는다면 자기의 특허가 첨부된 제안서 자체가 무효임을 발주처에 알려서 계약이 취소되도록 하겠다는 협박을 하면 회사는 대책이 없다. 회사와 직원은 늘 새로운 환경에서 이해가 대립하기도 한다. 그리고 양측은 합리적이고 적정한 선에서 타협하여야 한다. 인센티브도 그렇다.

브로슈어를 발주했다. 시제품을 납품받았다. 그런데 심각한 오류가 발견되었다. 원인을 파악해 보니 우리 직원의 실수이다. 제작업체는 그 오류를 정정하자면 브로슈어 전체를 바꾸어야 하고 새로 만드는 비용은 추가로 회사가 전액을 부담해야 한다는 설명이다. 나는 그 외주업체 사장에게 전화하여 제안했다. 우리 회사가 그 외주업체에 감사패를 수여하려고 한다. 이 감사패는 그 외주업체가 새로운 브로슈어 제작 과업을 수주하는 데 도움이 될 것이다. 아울러 주변 업체들이 브로슈어를 제작하고자 할 때 그 외주업체를 적극적으로 추천하겠다고 했다. 결국, 추가비용 없이 브로슈어를 수정하여 납품받을 수 있었다.

인센티브나 성과급이 꼭 돈이지 않아도 된다. 방법은 여러 가지다. 이득은 물론 나누어야 한다. 그런데 문제는 누구와 어떻게 나누는가이다. 사실 나누기가 나누지 않기보다 더 어렵다. 사람마다 욕구와 기대가 다르기 때문이다. 회사에서 사람은 생산단위이지만 기계는 아니다. 사람이 기계와 다른 점은 규격화, 표준화가 안 된다는 점이다. 사람은 사람마다 독특한 성격과 인격을 갖고 있다. 사장 노릇이 힘든 이유이다. 임직원 개개인에 대한 이해가 시간과 정성을 필요로 한다. 하지만 일단 사람을 이해하면 의외로 가까운 곳에 해결 방법이 있을지도 모른다.

사장의 고유권한

> 사장은 절대 양보하면 안 되는 것들이 있다.
> 인사와 돈에 관한 것들이다.
> 특히 돈과 관련이 있는 투자, 계약, 수금, 구매 등은
> 아무리 확인하고 또 확인해도 지나치지 않는다.

　기업에서 이제 자본은 노동에 대하여 우월적이지 않다. 현행 고용계약은 불평등계약이다. 오히려 회사가 약자이다. 회사는 직원을 해고하려면, 해고의 회피 노력 등 법이 정한 절차와 조건을 이행하여야 한다. 그러나 직원은 회사와의 고용계약을 파기하려면 한 달 전에 사직서만 제출하면 된다. 만일 회사가 이 사직서를 반려하면, 노동자는 등기로 회사에 보내기만 하면 된다. 사직서를 회사가 수리하든 말든 그것은 별문제가 되지 않는다. 합의가 아니라 일방적 통보이다. 노동자가 사직의 뜻을 회사에 분명 문서로 전달하였으면 노동자와 회사의 고용관계는 종료된 것이고 회사의 퇴직금 지급의무만 남게 된다.

　회사에서 보자면 회사에 꼭 필요한 직원은 쉽게 회사를 떠난다. 능력이 있기 때문이다. 나가 주었으면 하는 직원은 좀처럼 이직하지 않는

다. 결국 직원에 대한 회사의 관리는 손으로 계란을 잡는 것과 같다. 너무 느슨하게 잡으면 손아귀에서 빠져나가 깨지게 되고 너무 세게 잡아도 계란이 깨진다. 기업은 양질의 노동자를 확보하는 것이 성공으로 가는 첫째 조건이다. 그리고 들어온 인재는 나가지 않게 해야 한다. 이를 위해서는 회사와 직원 간의 균형이 깨지면 안 된다. 직원의 욕구와 회사의 욕구가 절충점을 찾아서 안정되어야 한다. 고용에 관하여 아무리 회사가 약자라고 하여서 무턱대고 자세를 낮춘다고 평화가 오지는 않는다. 오히려 사장과 회사의 굳건하고 단호한 태도가 노동현장에 안정을 줄 수도 있다.

중견 혹은 중소기업의 사장이 절대 양보하지 말아야 할 것들이 있다.

첫째가 입찰 참가와 투찰 가격이다. 견적 가격이다. 영업사원들은 회사의 꽃이다. 아무리 좋은 제품도 시장에 내다 팔지 못하면 헛일이다. 고객은 좋은 물건을 싸게 사고 싶어 한다. 정부조달시스템을 비롯하여 모든 기업의 구매는 경쟁이다. 그 경쟁에서 이겨야 계약자가 되고 물건을 납품한다. 그 업무를 담당하는 영업직들은 회사 내에서는 회사에 소속된 직원이지만, 회사를 나서면 그 제품의 수요와 공급이 이뤄지는 시장의 소속이 된다. 그 영업직원들은 회사 안에서 그 시장의 동향을 누구보다 가장 잘 파악하고 있는 전문가이다. 그 영업직원의 입장에서는 회사의 방침과 시장의 구성원 사이에 갈등이 있을 수 있다. 예를 들면, 지금 치열하게 경쟁 중인 납품 건은 사실상 우리 회사에 승산이 없다. 그렇다면 이번 건은 경쟁사에 양보하고 다음 건을 그 경쟁사의 협조를 받아서 우리 회사가 납품권을 따내는 것이 순리적이고 회사에도 이익이 된다고 판단할 수도 있다. 그러나 회사에 대하여 이를 설명하거나 제안할 수 없다. 영업사원의 입장에서는 이런 제안이 자칫 회사로부터 자신에 대한 불신을 불러올 수 있다고 생각할 것이다. 뿐만 아니다. 경쟁이 치열한 수주경쟁에서 영업사원이 우리 회사의 영업전략 혹은 제안가격, 견적가격 그리고 입찰의 경우에 투찰가격을 경쟁사에 슬며시 넘겨 줄 수도 있다. 이런 경우도 실무에서는 사례가 적지 않다. 술에 취해서 누설하기도 하고 경쟁사의 유혹에 넘어가기도 하고 선후배의 부탁을 거절하지 못하기도 한다.

실제로 사장이 입찰에 관한 사항, 계약에 관한 사항을 소홀히 한다면 보이지 않는 손에 의하여 영업실적은 서서히 낮아질 것이다. 만일 사장이 수주와 계약에 대하여 좀 더 의연하게 개별 사안이 아니라 총액을 관리한다면 계약금액은 증가하지만, 악성 수주가 늘어나 수익성이 감소할 수도 있다. 사장은 수주와 계약에 가장 관심을 집중하여야 한다. 입찰서 혹은 제안서의 가격 부분은 직접 결정하여야 한다.

제법 큰 규모의 건설 관련 회사들이 해외사업에 발이 묶여서 회사 전체가 어려워지는 경우도 있다. 사장은 어떤 사업의 입찰 경쟁에 참여할 것에 대한 결정을 내리기 전에 관심을 가져야 할 것이 전략적인 부분 이외에도 수익성과 세금문제, 부대비용 등 여러 가지 보이지 않는 부분들에 대한 검토이다. 아울러 사장은 특정 임직원이나 특정 부서가 회사의 이익이 아니라 자신들의 이익을 위하여 특정 사업을 추진하고 있는 것은 아닌지 잘 분석해야 한다.

만일 국내 한 공공기관이 동남아시아 지역의 한 국가에 투자하여 국제협력 사업을 추진했다고 하자. 사업의 규모와 기간에 따라서 현지에 사업을 관리할 특수 목적 법인을 설립하여야 할 경우도 있다. 사업의 목적은 순수했다고 하여도 해외에서의 프로젝트는 순탄하지 않다. 늘 어려움이 도사리고 있다. 사업은 지지부진하고, 계획만큼 잘 되지 않는다. 그런데 문제는 사업의 진행속도와 관계없이 이 현지법인에 필요한 인력을 지속적으로 파견하여 프로젝트를 관리하게 하여야 한다는 점이다. 사업의 진전은 신통치 않은데, 현지 파견 인건비는 꼬박꼬박 지출이 되어야 한다. 이렇게 되면 결국 그 사업의 목적이 국제협력인가 아니면 그 공공기관에서 근무하던 사람 가운데 정년에 도래한 사람들에게 은퇴 후에 몇 년 더 근무할 자리를 만들어주기 위한 것인가 하는 시비에 휘말릴 가능성도 있다.

민간 기업도 크게 다르지 않다. 기업의 특정 임원이나 부서가 몇 년 자리를 보존하기 위하여 수익성이 없거나 적자 사업을 수주하여 자신들의 자리를 보존하려 한다면 회사는 손해이다. 계약과 투자에 관하여 그 옥석을 사전에 가려낼 의무는 사장에게 있다. 결국 회사가 어려워지고 나면 아무도 회사의 리더나 오너를 동정하거나 위로하지 않는다. 사장은 잘해야 본전이다. 못하면 혼자 다 책임을 져야 한다. 이것은 양보하지 말아야 할 사장의 권한이며 동시에 의무이다.

다음이 수금이다. 기업은 수금을 위하여 세금계산서를 발급해야 한다. 대금 수령을 위한 청구서는 세금계산서와 수금을 위한 회사의 은행 계좌번호로 이루어진다. 그러나 회사에서 은행 계좌를 일일이 확인하지 않는 경우도 있을 수 있다. 극히 일부이지만 관리직원이 임의 개설한 회사의 은행계좌로 아주 오랫동안 지속적으로 수금을 하고 이 돈을 회사장부에 반영하지 않고 개인이 출금하여도 회사에서 눈치채지 못하는 경우가 적지 않다. 사장은 돈이 새고 있어도 알지 못한 것이다.

구매와 관련하여서도 그렇다. 한 기업의 구매부서에서 일반 메이커 컴퓨터제품은 사양이 정해져 있어서 원하는 사양을 충족하지 못하므로, 확장성이 있는 비메이커 조립컴퓨터 구매를 제안했고 회사의 사장은 이를 승인했다. 얼마 지나지 않아서 그 회사 구매부서는 컴퓨터 납품회사로부터 뇌물을 받았음이 탄로가 났다. 조립컴퓨터의 가격은 일반 메이커의 컴퓨터와 다르게 정찰제가 아님을 기회로 실제 가격보다 높게 가격을 책정해서 그 차액을 납품업체와 구매부서가 나누어 가졌던 것이다. 이 부당한 거래의 이익금을 나누는 과정에서 구매부서 내에 불만이 생겨 한 직원이 이를 폭로한 것이었다. 만일 내부 고발자가 없었다면 지속적으로 돈이 새고 있었을 것이다. 회사는 가격을 부풀린 허위 견적서를 제출하여 이를 근거로 납품계약을 체결하고 부당이득을 챙긴 납품업체를 상대로 부당이득반환청구소송을 제기할 것인지에 대한 법률검토를 고문변호사에게 의뢰했다. 검토의견은 회사가 불리하다는 것이다. 가격에 대한 검토의무는 구매자인 회사에 있다는 것이다. 양자가 그 사양의 컴퓨터를 그 가격에 구매하기로 계약했다면, 그 계약에 따른 컴퓨터를 납품하고 계약상 대금을 수령한 것은 하자가 없는 거래란 것이다. 결국 제대로 확인하지 않고 구매 결정을 한 회사가 책임이 있다는 해석이다. 물론 이것은 민사상의 문제이고, 형사상의 처리는 별개의 사안이긴 하다.

사장은 어떤 경우에도 회사의 돈의 흐름에서 눈을 떼어선 안 된다. 계약, 수금, 구매, 지출 등 돈이 오가는 길목을 지키고 서서 보고 또 보아야 한다. 그것을 게을리 하면 사장은 바보가 되고 손해를 보아도 어디 가서 하소연도 못한다.

사장학개론

노동이 아무리 나누자고 해도 양보하지 못할 사장의 고유권한이 있다. 경영권 그리고 어떤 경우에도 소홀히 해서 안 되는 것이 돈에 대한 감시이다. 특히 고정비는 1원 단위로 챙기고 절약해야 한다.

사장과의 독대

> 사장은 가급적 업무상 독대는 피해야 한다.

진시황은 늘 암살의 공포에 시달려야 했다. 그래서 누구든 왕으로부터 100걸음 이내로 접근할 수 없는 백보금지령(百步禁止令)을 내렸다. 그런데 왕을 아주 위협하는 무림고수들이 있었다. 왕은 예외적으로 그 적들을 제거하면 왕과 독대의 기회를 주겠다고 약속한다. 왕으로부터 10보(十步)의 거리에서 왕이 내리는 술잔을 받을 수 있는 특권을 준다는 것이다. 영화 〈영웅〉에서 이연걸이 열연한 무명은 그 고수들을 처치하고 그 공로로 진시황과 10보 거리에서 왕이 주는 술잔을 받는다. 무명은 10보 이내에서는 어떤 적수도 죽일 수 있는 실력을 갖고 있다. 그리고 진시황은 그 10보 거리 안에 있다. 진시황이 운명이 거센 바람 앞에 가림막이 없는 촛불 같은 처지이다. 영화는 그렇게 시종일관 긴장감으로 관객을 몰입하게 한다.

실화를 바탕으로 만들어졌다는 이 영화를 보면서, 나는 진시황이 스스로 위험을 자초한 것이란 생각을 떨쳐 버릴 수 없었다. 황제가 적을 제거한 사람에게 10보 이내로 접근하는 기회를 그 보상으로 부여한 것이 화근이었다. 자객들은 궁궐 밖에 있었다. 하지만 그 자객들을 제거한 사람에게 가까이 올 수 있는 기회를 줌으로써, 작은 위협을 제거하려다가 더 큰 위협에 직면하게 된 것이었다. 왕은 좀 더 신중했어야 했다. 사장도 사장실에 사람을 들어오게 하는 데 신중해야 한다. 사장실에 들어와서 사장과 열 걸음 이내에서 사장을 만나고 싶어 하는 사람들도 역시 어떤 다른 목적을 갖고 있을지 모른다. 회사 내부의 임직원이나 혹은 외부의 방문자나 마찬가지이다.

많은 개발도상국의 장관급 이상 공무원들이 외국 비즈니스맨들을 접견할 때는 조건을 제시하기도 한다. 예를 들어 장관과 면담은 미화 5만 달러를 현금으로, 그리고 총리와 식사는 3백만 달러 이상의 투자를 했을 경우 등의 규칙을 적용한다. 이는 자신을 위협하는 적들을 제거한 사람에게 접근을 허락한 진시황과 크게 다르지 않다. 가까이오고 싶어 하고 집무실에서 함께 있는 사진을 찍고 싶어 하는 사람들에게 그것을 허락하고 대가를 요구하는 것이다. 미국의 투자자인 워런 버핏(Warren Buffett)과 점심을 함께 먹을 수 있는 자선경매는 낙찰가가 무려 40억 원에 이르며 매년 최고가를 경신하고 있다. 많은 사람이 함께하고 싶어 할 때 함께할 기회를 주는 것은 상응하는 가치가 있다.

하지만 그 반대의 경우도 있다. 사장은 순수한 마음으로 퇴사하는 직원에게 그간의 노고를 치하하고 미래를 축복해 주기 위하여 사장실로 부르기도 한다. 하지만 사표를 제출한 직원은 이미 회사의 소속이 아니다. 그간의 불평을 쏟아 놓기도 한다. 사장에게 대들기도 하며 문을 박차고 나가기도 한다. 사장실에서 밖에서 다 들릴 정도로 고함을 지르기도 한다. 회사를 나가는 사람의 입장에서는 그 무용담을 말할 때 부장과 싸우고 그 회사를 그만두었다고 하는 것보다는 사장과 대판 싸우고 회사에 사표를 던지고 나왔다고 하는 것이 더 멋있어 보일지 모른다. 회사를 그만두는 직원뿐 아니다. 자신이 청구서를 잘못 작성하여서 수금을 못 하는 협력업체 수금사원도 때론 사장실 문을 박차고 들어온다. 본사에 가서 자기의 실수는 쏙 빼고 돈을 받으러 갔는데 안 주기에 사장실에 쳐들어가서 따졌더니 다음 달에 꼭 준다는 약속을 하더라고 상사에게 보고할 것이다. 하도급대금을 아직 주지 않았고 그 이유는 대금지급의 조건을 충족하지 못한 데에 있는데도, 하도급회사 직원은 막무가내로 사장실에 쳐들어와서 돈을 달라고 할 수도 있다. 사장실의 출입은 엄격히 통제되어야 한다. 아울러 사장실은 뒷문이 있어야 한다. 사장실을 설치할 때 그렇게 해야 한다. 그래서 사장실의 부속실이나 사장실 문 앞에 불필요한 사람들이 진을 치고 있을 때 사장은 뒷문으로 자리를 피할 수 있다.

충청권 시골마을에 있는 한 대기업 생산 공장 임원들의 대부분은 생활연고가 서울이다. 공장에 발령을 받으면 가족과 함께 이사를 오지 않는다. 회사는 공장 인근에 사택을 마련해서 편의를 제공한다. 공장장을 비롯해서 고위급 직원들의 처지가 모두 이렇다 보니 일과가 끝난 후가 문제이다. 공장은 도시에서 멀리 떨어진 곳이고 여가를 즐길 거리가 없다. 기껏해야 숙소에서 텔레비전을 보다가 잠이 드는 것이다. 그 공장은 오후 다섯 시 이후에는 아무도 혼자서 공장장 방에 결재하러 들어가지 않는다. 급한 일이 있어도 보고하지 않는다. 공장장은 오후 5시 이후에 공장장실에 홀로 들어오는 임직원에게 어떤 핑계든가 만들어서 한 시간 이상 공장장 방에 머물게 하고 일과가 끝나는 6시에 함께 저녁을 먹으러 가자고 한다는 것이다. 공장장이 제안하는데 거절할 수도 없고 어쩔 수 없이 공장장과 함께 차를 몰고 30분 거리의 시내에 나가서 저녁을 먹고 함께 즐겨 주어야 한다는 것이다.

　임직원과 독대를 하는 것은 임직원들을 불편하게 할 수도 있다. 만일 회사가 적자 상황이고 경영이 불안한 시기에서 사장이 독대하자고 하거나 단둘이 식사를 하자고 하면 해당 직원은 분명 그것이 퇴직 통보이거나 임금삭감일 것으로 예상할 것이다. 혹은 미묘한 상황에서 회사 사장이 독대 또는 단둘이 식사를 하자고 하면 해당 직원은 그것만으로도 회사 안에 입지가 확보되고 사장으로부터 특별한 대우를 받고 있음을 과시하는 것이 될 것이다. 사장이 한 임직원을 특별히 대하는 것은 조직 관리에서 아주 경계해야 할 일이다. 사장도 사람이다. 특히 정이 가는 사람이 있을 수도 있고, 하는 짓마다 마음에 들지 않는 사람이 있을 수도 있다. 하지만 그 어떤 경우도 그 감정을 표출하는 것은 극히 자제하여야 한다.

　사장과 직원의 배석자가 없는 단둘만의 만남은 늘 회사 내 여러 가지 소문과 문제의 원인이 된다. 어떤 경우이든 사장이 특정 임직원과 단둘이 만나는 것은, 그 만남의 장소가 회사 내부이거나 외부이거나를 막론하고 회사와 사장에게 별 도움이 되지 않는다. 사장이 어떤 임직원과 단둘이 미팅을 하거나 식사를 하는 것에 임직원들은 의외로 민감하다. 불필요한 소문의 진원이 될 수도 있고 또는 쓸데없이 임직원들의 마음을 불편하게 해 줄 수도 있다. 혹시 단둘이 만나자는 사람들 가운데는 불순한 의도로 사장에게 접근하는 경우도 있을 수 있다. 위험할 수 있다.

사장님은 나빠요

> 사장은 보수도 진보도 아니다. 사장은 성공한 사람도 부자도 아니다.
> 사장은 그냥 직책이 사장이다.

세상엔 좋은 사장도 많을 터인데, 언론에 회자하는 사장들은 왜 그렇게 하나같이 나쁜 사장들만 있는지 모르겠다. 직원들에게 갑질하고, 욕하고, 부당하게 대우하고, 회삿돈을 횡령하는 등 언론에 비친 사장은 좋은 사례보다 나쁜 사례가 더 많다. 직원이 사장의 비리를 폭로하거나 혹은 회사에서 심히 부당한 대우를 받아서 이를 사회에 고발하면 대개는 대중의 관심과 지지를 받는다. 대중은 약자 편이다. 당연하다. 다수가 약자를 보호해 주지 않으면 사회적 균형이 맞지 않는다. 그렇게 몸담았던 회사의 비리를 폭로하고 투사가 되거나 혹은 정치에 입문하는 경우도 있다. 자본은 보수이고 노동은 진보라고 한다면 아마 크게 틀리지 않은 것 같다.

모든 회사는 사장과 노동자로 구성된다. 그런데 보수와 진보가 첨예하게 대립하고 있는 우리 사회의 정서상에 회사에서 사장이 보수 편을

사장학개론

들면 결국 직원은 진보 편이 되고 기업은 생산의 현장이 아니라 이념의 현장이 될 수도 있다. 사장이 회사를 경영하면서 정말 빠지지 말아야 할 함정이다. 회사는 이념이 지배하는 사회가 아니다. 노동과 자본이 상호 이익을 위하여 만난 경제조직이다. 회사는 회사일 뿐이다. 사장은 무의식중에라도 보수 편을 들면 안 된다.

우리 회사에는 연로하신 임원 그룹이 있었다. 공직자 출신들이었다. 매일 출근해서 환담이나 나누고 노는 것 같지만, 만일 발주처인 정부 부처와 문제가 생기면 홀연히 나서서 진가를 발휘하는 분들이다. 은퇴하시고 오래되신 분들도 있었다. 이분들이 회사 안팎에서 모이고 친목을 다지더니 어느 날 급기야 회사 내 보수 모임을 결성하였다. 공공연히 보수이고 우익임을 과시하고 다니는 것이다. 나이도 많으시고 대선배들이고 여러 가지 인연도 많은 분들이니 참 뭐라고 말씀드리기에는 어려운 점이 있긴 하였다. 결국 이 어르신들은 젊은 직원들에게 반감을 사게 되었고 회사분위기가 험악해진 적이 있다.

유럽은 확실히 구분이 되는 것 같다. 진보는 노동자 편이고, 보수는 기업 편이다. 중국도 정권이 바뀔 때 즈음해서 성장이냐 분배인가 격한 논의가 있었다. 사회는 이분법적으로 구분하는 것을 좋아한다. 그리고 아군과 적군을 구분하려 한다. 사장은 우익이고 보수이며, 노동자는 좌익이고 진보이다. 사장은 부자이고 노동자는 가난하다. 더 심하면 노동자는 착취당하고 있으며, 사장은 노동자를 착취하고 있다는 분류가 된다. 나는 사장이 되고 회사를 경영하면서, 이런 이분법적 논리가운데 내가 어디에 서 있는지 스스로 생각해 본 적이 여러 번 있다. 그것은 내가 나쁜 사람인가에 대한 대답을 구하기 위한 셈법이기도 하다.

우리나라가 짧은 시간에 빈곤의 누더기를 벗어 던지고 세계 10위권의 경제대국으로 우뚝 선 것은 강력한 중앙집권제도와 미·소간의 대립 등의 요인 이외에도 우리가 갖고 있는 자본주의적 요인들의 역할을 부정할 수 없을 것 같다. 외국에서 기이하게 평가하는 우리의 높은 교육 수준과 그 기초가 되는 교육열은 따지고 보면 경쟁심이다. 성적이 수치화되고 그 수치가 서열화 되는 학교 교육의 특성상, 우리 국민에게 교육은 서로 경쟁하고 그 결과가 아주 선명한 분야이다. 우린 대학의 서열이 확실하다. 외국은 학과별로 대학 서열이 달라지지만 우린 그런 것을 인정하지 않는다. 교육은 서열이기 때문이다. 순위가 애매한 경쟁을 국민은 허용하지 않는 것이다.

　많은 나라를 다녀 보았고 많은 사람을 만나 보았지만, 우리처럼 애절하게 성공에 대한 열망이 강한 경우를 보지 못한 것 같다. 외국의 많은 사람들은 행복을 부자가 되고 출세를 하는 것보다 상위 개념에 둔다. 행복하기 위하여 출세하고 부자가 되려 한다. 하지만 우리는 행복하지 않아도 좋으니 부자가 되고 출세하고 싶어 하는 것 같다. 이런 맹목적인 강렬한 소망이 우리를 짧은 시간에 잘사는 나라로 만들어주긴 했지만, 그 소망을 이루지 못한 사람들에게는 패배감을 주었다. 꿈을 이루지 못함, 즉 돈을 많이 벌거나 아니면 성공하지 못한 경우를 경쟁에서 패배한 것으로 스스로 여기는 것 같다. 그렇지 않다. 부자나 그렇지 않은 사람이나 사회엔 다 필요한 사람들이다. 함께 살아야 한다. 산에는 키 큰 나무도, 키 작은 나무도 그리고 잡초도 서로 공생하면서 같이 산다. 사장과 직원도 마찬가지이다. 누가 잘 나고 못난 것이 아니라 사회에서 서로 역할일 뿐이다.

무슬림들은 라마단 기간 동안 음식을 먹지 않는다. 해가 있는 동안엔 물도 입에 대지 않는다. 한 달 동안이나 그렇게 금식을 한다. 아랍에미리트공화국의 두바이도, 국제비즈니스의 중심임에도 불구하고 외국인들이 머무는 호텔이 아닌 이상에 이 라마단은 엄격하게 지켜진다. 저녁 6시 즈음이 되면 식당 앞에 사람들이 모여든다. 그리고 6시에 확성기를 통해서 기도 소리가 울려 퍼지면 식당은 문을 열고 사람들은 먹고 마신다. 그 라마단 기간이 끝나면 축제이다. 이드 페스티벌(EID Festival)이라고 한다. 그날 무슬림 사회에서는 전통에 따라 마을별로 길거리에 식탁이 차려진다. 낙타 고기도 빠지지 않는다. 신기한 것은 자기가 부자라고 생각하는 사람들이 그 음식을 준비한다고 한다. 자신이 여행자이거나 가난하다고 느끼면 그냥 앉아서 먹으면 된다. 이런 전통은 우리도 있었다. 나의 어릴 적 기억에 잔치문화가 그렇다. 결혼이나 회갑 등의 잔치는 부자들만 하는 행사였다. 가난한 사람들은 잔치를 하지 않았다. 제사나 차례도 크게 다르지 않다. 잔치나 제사가 가족 행사가 아니었다. 좀 있는 사람들이 마을 사람들과 나누는 기회였다. 잔치음식은 매일 먹는 음식과 다르다. 재료도 요리법도 다르다. 잔치나 제사는 혼자 준비하지 못한다. 마을 아낙들이 다 모여서 음식을 준비한다. 그리고 마을 사람들이 함께 먹고 마신다. 기쁨과 슬픔을 나눈다. 이것이 전통적으로 우리의 가진 자와 가지지 못한 자의 관계였고 함께 살아가는 방법이었다. 그러나 산업화 과정에서 빈과 부는 대립하게 되었다. 현실적으로 모두 1등을 할 수도 없고 모두 부자가 될 수도 없다. 그런데 모두 노력하면 일등이 되고 부자가 되고 성공할 수 있다고 가르친다. 경쟁을 시킨다. 그렇게 되면 두 계층 가운데 하나는 패배자가 된다. 두 계층은 충돌하게 된다.

우리 회사엔 사장보다 부자인 임원들도 있다. 부모로부터 물려받은 부동산이 오르거나, 무심코 사 모은 땅들이 획기적으로 오른 경우 등이다. 현대인에게 직장이란 꼭 돈을 벌기 위한 곳만은 아니다. 부자도 자신의 재산에서 발생하는 수입보다 훨씬 적은 월급을 받으며, 자신보다 돈이 많지 않은 사장을 위하여 직장에 다니기도 한다. 그들에게 직장은 경제적 목적이 아니다. 물론 흔하지 않은 경우이긴 하다.

사장을 가진 자 또는 지배자라고 세상은 판단하지만, 사장은 가진 자도 지배자도 아니다. 사장은 늘 빈털터리가 될 가능성이 있고 범죄자로 감옥에 갈 수도 있다. 사장은 회사 안에서는 직원들 눈치를 보아야 하고, 밖에 나가면 거래처 눈치를 보아야 한다. 사장은 내 직원들은 물론이고 협력업체 직원들 그리고 거래처직원들 가운데 아무에게도 큰소리 한번 치지 못하는 약자일 수도 있다.

사장은 스스로 진보나 보수의 편에 설 자격이 없다. 세상은 사장을 강자로 간주하고 노동자를 약자로 본다. 법도 노동부도 사장을 일단 나쁜 사람으로 색안경을 쓰고 본다. 그리고 그 나쁜 사장으로부터 선량한 노동자를 보호하는 것을 정의라고 여긴다. 사장은 억울하다. 법정은 사장과 노동자가 대립하면 사장 편을 들어주는 데 인색하다. 사장의 입장에서 보면 세상에 내 편은 없다.

사장은 늘 피해자이다. 사회가 만든 대립구조 즉 자본과 노동, 지배와 피지배, 진보와 보수, 가진 자와 안 가진 자, 승자와 패자의 구도 속에서 늘 나쁜 쪽이다. 성공한 사장은 쉬워도, 좋은 사장이 되기는 정말 힘들다.

Chapter 5

사장의
위기관리법

무엇을 해도 되지 않을 때가 있다.

내가 특별히 무엇을 잘못하지 않아도 그럴 때가 있다.

그때는 기다려야 한다.

경영이 부진할 때에만 할 수 있는 일들을 하면서 기다려야 한다.

그러다 보면 어느 날, 무엇을 해도 잘 되는 시절이 온다.

세무조사를 피하는
상식적인 방법들

> 세무조사는 무섭다.
> 조금 손해가 나더라도 업계 평균의 세금은 부담해야 한다.

사장은 은행과 친해야 함은 두말하면 잔소리이다. 하지만 은행과 친하면 단점도 있다. 소위 꺾기라는 은행의 관행이 아직 완전히 사라지지 않았다. 은행이 일억 원을 대출해 주면서 천만 원짜리 적금에 가입하라는 요청을 할 수도 있다. 말은 강제가 아니라고 하지만 분위기는 그렇지 않다. 회사의 여윳돈 일억 원을 일 년 만기 정기예금에 가입하고자 은행에 간다. 은행은 특별이자율을 적용해 주겠다면서 그 대신에 매월 백만 원씩 납입하는 정기적금에 가입할 것을 제안할 수도 있다. 기분이 나쁘지만, 은행의 이런 협조요청에 과감히 부응하는 것이 좋다. 은행에 대한 전략은 기본적으로 철저히 유리한 것은 알리고 불리한 것은 감추어야 한다. 어려울 때 친구가 진정한 친구(Friend in need is indeed friend)라는 말이 맞는다면 은행은 진정한 친구는 아니다. 좋을 땐 친구이고 나쁠 땐 원수가 된다. 은행의 대출 규모가 일정 금액을 넘어가면, 예를 들어서 수십억 원이 넘어서면 지점장이 가끔 회사를 방문한다. 친선방문처럼 보이지만 회사의 분위기를 염탐하려는 것일 수도 있다. 그리고 회사가 자금이 부족한데 담보 능력이 있다는 사실을 알게 되면 돈을 대출해 가라고 한다. 운영자금이 필요할 터인데 좋은 조건으로 빌려 줄 수 있다고 한다. 만일 회사의 담보 여력이 충분하지 않고 회사가 경영상 압박을 받고 있는 것이 확실해 보이면 은행은 빌려 간 돈을 갚으라고 요구하기 시작할 것이다. 은행은 그렇다. 기업의 동반자는 아니다. 기업을 상대로 이익을 추구한다. 하지만 그나마 은행을 가까이하지 않으면 힘들 때 더 힘들어진다.

은행과 친하면 여러 가지 정보도 제공해 준다. 현금 거래일 경우에, 예를 들어서 회사가 천만 원 이상의 현금을 인출할 경우에 은행은 그 이유를 확인한다. 회사도 현금이 필요할 때가 있다. 밝히기 곤란한 지출을 할 경우도 있다. 은행은 그것을 꼭 확인한다. 기업이 만 불 이상의 달러를 현금으로 찾을 때도 그렇다. 이런 경우도 은행은 확인한다. 그 달러를 어디에 쓸 것인지 묻는다. 그리고 그 대답은 은행 전산망에 기록으로 남는다. 은행의 거래는 누군가가 들여다보고 있을지 모른다. 만일 거액을 현금으로 거래하고 그 거래에 대한 은행의 확인에 불성실하게 대답한다면 그것은 수상한 거래로 여겨질지 모른다. 또한 건전하지 않다고 의심받을 만한 거래 혹은 일정액수를 초과하는 현금거래가 지속된다면 그것은 세무조사의 원인이 될 수도 있을 것이다. 은행이랑 친하면 위험한 거래에 대하여 미리 귀띔해 줄지도 모른다.

재무제표가 사실을 반영하는 경우는 거의 없다. 거의 모든 기업의 결산 재무제표는 정직하지 않다. 결산의 절차는 일차적으로 기업이 원하는 당기순이익을 정한다. 요즘은 매출과 매입의 세금계산서는 불변이다. 따라서 재무제표상에 그 이익금을 실현하기 위해서는 허위의 거래도 만들고 다른 항목의 계수들을 조정해야 한다. 기업이 사실상 적자인데도 재무제표를 흑자로 하려는 것은 은행을 위한 것이다. 은행은 적자기업에 돈을 빌려주지 않는다. 적자라고 하면 빌려준 돈도 갚으라고 할 것이다. 은행이 돈을 회수하면 기업은 견디기 힘들다. 그래서 은행이 기업을 평가하는 매뉴얼을 기준으로 회사가 좋은 평가를 받도록 재무제표를 조정하여야 하는 것이다. 아울러 수주를 위한 업체 평가에서 좋은 성적을 획득하기 위해서는 회사의 재정상태가 건실해야 한다. 어떤 발주처도 적자기업에 일을 맡기는 것을 좋아할 리가 없다. 또 기업은 영수증이 없거나 혹은 정식으로 처리하기 어려운 거래들이 생긴다. 결국 이 돈이 쌓이면 기업회계는 일반적으로 대표이사대여금으로 처리한다. 대표이사가 실제로 돈을 빌려가거나, 빌려가지 않아도 장부상 빌려간 것으로 처리하는 경우가 생긴다.

회사는 이래저래 재무제표를 성실하게 작성할 수가 없다. 그러나 정도껏 해야 한다. 이 부실 재무제표가 정도를 넘어섰다고 판단될 경우에 그것이 세무조사의 원인이 될 수도 있을 것이다.

기업의 영업이 흑자이면 세금을 내야 한다. 기업이 적자이면 소득이 없으니까 세금도 없다. 기업이 진정한 적자인가 흑자인가는 사실 애매하다. 실제로 흑자인지 적자인지는 사장만 알지 임직원도 모르고 은행도 모른다. 공식적으로 기업이 흑자인지 적자인지는 결산서를 기준으로 평가한다. 그 결산서가 사실인지 허위인지는 다른 문제이다. 결국은 문서주의이다. 현장에 나와서 심사를 하여도 실체적 진실에 접근하긴 어렵다. 재무제표가 대외적으로 회사의 재무상황을 알리는 공식문서이고 이를 기준으로 세금이 부과되기도 하고 세무조사 대상이 되기도 한다. 재무제표는 세금을 염두에 두고 조정하여야 한다.

　세무서에서 세무조사 대상 기업을 선정하는 과정을 이해하면 그 조사를 피할 수 있을지도 모른다. 세무서는 모든 기업의 세무신고 내용을 데이터화하여 가지고 있다. 이 가운데 어떤 조건을 기준으로 세무조사대상 업체를 선별하는 것으로 추정이 가능하다. 그리고 그 조건은 기업의 이익이 많은 것 같은데 신고 세금이 너무 적거나, 가수금이나 대여금, 미수금 등이 비정상으로 느껴질 만큼 많은 경우 등일 수도 있다. 또한 이익잉여금의 처리도 관심의 대상이 될 수 있다. 역시 관심을 가져야 할 것이 수익률이다. 수익률은 업계평균을 고려해야 한다. 예를 들어서 의류 판매업 분야의 전국 평균 수익률이 5%, 100원어치 팔면 5원을 남겼다고 한다면 내가 실제로 2%의 수익률밖에 올리지 못했다 하더라도, 5%의 이익을 낸 것으로 하고 그 액수에 해당하는 세금을 납부하는 것이 무난하다. 세무서 전산시스템이 평균에 훨씬 못 미치는 영업이익을 낸 기업을 불성실 납세자로 구분해 낼지 모른다. 수익률뿐 아니라 재무제표는 모든 항목이 업계 평균을 따르는 것이 무난할 것이다. 세금 좀 안 내려고 5원 이익을 남기고 2원 남았다고 신고한다면 누가 보아도 세무조사를 스스로 자초했다고 하지 않을 수 없다.

　세무조사는 정기조사와 비정기조사로 나뉘기도 하고 세무서에서 나오기도 하고 국세청에서 나오기도 한다. 세무조사가 나오면 일단 심리적으로 불안해지고 압박감을 느낀다. 조사팀이 통장과 장부를 가져가면 정상적인 회사 업무가 지장을 받는다. 세무조사를 지도 차원에서 한다고 한다. 그러나 실제로 세무조사가 그냥 세무지도로 끝나는 경우는 많지 않다. 세무조사 뒤에는 세금 추징이 기다리고 있다. 기업은 세무조사가 무섭다. 세금 문제에 관한 한 주변 사람들은 내 편이 아니다. 위로해 주기는커녕 내심 즐기기도 한다. 누군가가 세금을 더 많이 내면 누군가는 국가로부터 그만큼 혜택을 더 받는다는 인식이 있다. 세무조사로 거액의 세금을 냈다고 하면 듣는 사람들은 속으로 좋아할지도 모른다. 많이 벌었으니 세금도 많이 내라는 식이다. 어디 가서 하소연도 못 한다. 사장 입장에선 세금이 너무 많다. 국세도 있고 지방세도 있다. 준조세도 있다. 세금만 안 내면 금방 부자가 될 것 같은 유혹도 있다. 하지만 근본적으로 세금을 내려는 마음이 필요하다. 절세를 넘어 탈세로 욕심이 발전한다면 결국 세무조사의 준엄한 심판이 기다리고 있을지 모른다. 세무조사를 피하는 가장 좋은 방법은 성실신고와 성실 납세이다.

사장님의
피 같은 현금

> 다른 건 몰라도 회사의 현금 흐름은
> 내 지갑을 열어 보듯이 들여다보아야 한다.

　사장은 현금에 늘 관심을 가져야 한다. 자금은 기업의 혈액과 같다. 자금이 돌아야 기업이 산다. 자금이 멈추면 기업도 멈춘다.

　기업의 재무평가는 크게 두 가지로 한다. 하나는 유동비율이고 다른 하나는 부채비율이다. 그리고 이 두 가지는 법인의 결산서를 기준으로 한다. 유동비율은 유동자산을 유동부채로 나눈 비율이며 부채비율은 부채총액을 자기자본으로 나눈 비율이다. 기업은 연말이 되면 바빠진다. 회계사와 협의하여 적정 유동비율과 부채비율을 정한 다음에, 재무제표를 거기에 맞추어 나간다. 이때 사장이 해야 할 일은 이를 위한 자금을 동원하는 일이다.

　1997년 11월 20일 우리나라는 국제통화기금 즉 IMF에 구제금융을 신청한다. 경제위기의 시작이었다. 1996년 12월 말, 전국의 주택가격 상승률은 1.5%에 서울의 주택가격 상승률은 1.6%로 4년여의 긴 부동산 침체를 벗어나 기지개를 켜고 있었다. 경제성장률은 7%로 매우 양호했다. 물가상승률은 4%였다. GDP 대비 정부 부채비율은 7%대를 넘지 않았다. 모든 거시경제지표는 우리 경제가 안정적임을 보여주고 있었다. 이 경제지표들을 보고 우리나라가 사상 초유의 국가부도 사태가 다가오고 있음을 누구도 예견할 수 없었다. 단 한 가지 복병이 있다면 1997년 말까지 갚아야 할 외채가 220억 달러인데, 우리가 가지고 있는 달러와 금을 모두 팔아도 200억 달러가 되지 않았던 것이다. 빌려온 돈을 갚아야 하는데 갚을 달러가 없었던 우리는 국제통화기금에서 달러를 빌려 올 수밖에 없었다. 현금이 부족했던 것이다.

현대사에 경제적인 이유로 지구상에서 사라진 나라는 없다. 경제적인 이유로 나라는 망하지 않는다. 하지만 그게 기업일 경우는 얘기가 다르다. 사장이 늘 회사의 현금흐름에서 눈을 떼면 안 되는 이유다. 국가경제나 기업경제나 가정경제나 크게 다르지 않다. 문제는 현금이다. 기업이 아무리 흑자이고 공장의 가동률이 양호하고 매년 기업의 외형이 성장하고 있다고 해도 안심하면 안 된다. 필요한 현금과 보유 현금을 늘 확인하여야 한다. 만일 현금이 필요한 시기에 필요한 만큼 확보되지 않으면 국가나 기업이나 가정이나 결국 종착지는 하나이다. 부도일 수밖에 없다.

사장은 현금의 흐름을 늘 파악할 뿐 아니라 필요할 때 필요한 만큼의 현금을 동원할 수 있어야 한다. 사실 사장이 이 현금의 문제, 운전자금의 문제만 없어도 참 할만하다. 현금문제는 사장을 힘들게 하는 명제 중에 하나이다.

가장 경계해야 할 부분이 경리부서에서 제출한 자금계획이다. 경리

부서의 자금계획은 기계적이다. 만일 다음 달 초에 원료대금을 결제해야 하는데, 이달 상반기에 수금한 돈으로 임금 등을 지급하고 하반기 수금계획인 돈을 받아서 그 돈으로 이 원료대금을 지급하도록 계획이 되어 있다면 이 계획서는 그리 좋은 계획서가 아니다. 이달 상반기 직원 급여의 지급을 일부 보류하더라도 원료대금을 현금으로 확보하여 놓는 것이 현명하다. 남의 주머니에 있는 돈은 내 돈이 아니다. 받을 돈이나 빌려준 돈이나 마찬가지이다. 내 주머니에 있지 않으면 내 돈이 아니다. 만에 하나 이달 하순에 계획된 수금이 실현되지 않을 경우에, 원료대금을 지급하지 못하게 될 것이다. 그러면 원료가 조달되지 않아 공장 가동이 중단된다. 대금을 뒤늦게 지급하더라도 신용이 망가져서 거래조건은 나빠질 것이고 원료확보의 어려움이 오랫동안 계속될지도 모른다. 현금은 늘 확보되어 있어야 한다.

사장 중에 자금 때문에 긴박한 상황을 겪어보지 않은 사람은 없다. 그래서 늘 사장은 은행과 친해야 한다. 주거래은행을 정하고 법인과 개인카드를 이용하고 직원의 급여이체를 하여 은행과 신뢰를 쌓아야 한다. 기술신용보증이나. 신용보증기금에 도움을 받아야 한다. 정부 각종 지원 자금에 익숙해야 한다. 당장 돈이 필요하지 않더라도 대비를 해놓아야 한다.

금융기관에서 돈을 빌리거나 혹은 정부조달입찰에서 좋은 점수를 획득하기 위해서는 회사의 재무상태가 건실해야 한다. 재무제표는 기업의 성적표이다. 회계연도 동안 얼마를 들여서 얼마나 팔았고 그래서 얼마의 이익을 냈다는 보고서이다. 재무제표가 좋으면 여러 가지로 도움이 된다.

재무상태가 건실하다는 것은 유동비율과 부채비율이 양호하다는 것
이다. 회사의 재무상태가 양호하면 사실 은행에 크게 아쉬운 소리를
할 필요가 없다. 은행에서 돈을 빌리는 데 용이하다. 현금 조달이 쉬워
진다. 따라서 장부상에 회사의 상태를 현실보다 더 좋게 만드는 방안
들이 사용된다. 그중에 가장 쉬운 것이 소위 연말 작업이다. 중소기업
을 경영하다 보면 연말에 많은 유혹을 받게 된다. 사채업자들이 연말
자금을 제안한다. 12월 31일에 빌려주고 1월 3일에 돌려받는 조건으로
2~3%의 이자를 요구한다. 3일간의 이자치고는 작지 않은 돈이다. 기
업은 이 돈으로 연말에 차입금을 일시 상환하여 부채비율을 획기적으
로 낮춘다. 혹은 회사가 이 돈을 회사의 현금보유액으로 처리하여 유
동비율을 높이는 것이다. 회사의 실제 경영 상태와 다르게 장부를 양
호하게 만들 수 있다. 이 방법을 실행하기 위해서는 비공식적이지만 회
계사와 상의하는 것이 좋다. 이렇게 만든 재무제표는 확실히 급할 때
현금을 마련하는 데 도움이 된다. 사장은 늘 현금을 점검하고 관리하
여야 한다.

야속한 사람들
공무원

> 공무원은 개인이 아니다.
> 공무원의 태도는 공무원 조직의 분위기에 따라서 수시로 변한다.

    국제입찰로 사업자를 선정하는 경우에 입찰에 참가하는 업체는 제안서를 제출한다. 그 제안서는 일반적으로 기술제안서와 가격제안서로 구성되어 있다. 개발도상국 정부의 일선 공무원들 가운데는 이런 국제적으로 통용되는 사업자선정절차에 익숙하지 않은 경우들이 종종 있다. 절차뿐 아니라 각 절차마다 필요한 문서들의 작성에 서툰 경우도 있다. 나는 아프리카의 한 국가에서 그 나라 정부기관이 사업을 발주하는 데 개인적으로 협조한 적이 있다. 그 담당 공무원은 내가 아무 대가 없이 도와준 것에 고마워하며 그 사업이 발주되면 입찰에 참여할 것을 권고하였다. 마침내 그 사업이 공고되고 그 공고에 따라서 제안서를 제출했다. 나는 그 사업의 발주에 도움을 주었기 때문에 그 사업에 대한 정보가 다른 경쟁자들보다 더 많았고 그래서 성공 가능성도 높았다. 절차에 따라서 평가위원회가 구성되고 업체들이 제출한 제안서들에 대한 평가가 한창 진행되고 있는데 그 공무원에게서 만나자는 연락이 왔다.

나는 아프리카 현지로 날아갔다. 그 공무원은 우리 회사가 가장 낙찰 가능성이 높다고 하면서 약간의 돈을 달라는 것이다. 나는 계약이 되면 합법적으로 돈을 줄 수도 있지만 경쟁 중에 돈을 주면 뇌물이 되므로 그럴 수 없다고 대답했다. 그는 계약자가 되면 당연히 커미션을 주어야 한다면서 지금은 보험을 든다는 마음으로 우선 조금만 달라는 것이었다. 상부의 요구라는 것이다. 나는 이를 거절했다. 뇌물을 줄 수도 있지만 이것은 위험한 거래라고 판단했다. 결국 그 입찰에서 우리 회사는 수주에 실패했다. 나는 그 나라 정부 공무원에게 국제입찰에 필요한 모든 절차를 알려 주었고, 각 절차마다 필요한 문서도 만들어 주었다. 그리고 그 공무원의 요청에 따라서 그 입찰에 참가했지만, 결국 그 공무원은 우리 회사를 제외하고 다른 회사와 계약을 한 것이다. 그 공무원의 상관이 다른 의견을 갖고 있었기 때문이다.

국내에도 이런 사례는 얼마든지 있다. 서울에서 조그만 스포츠용품점을 경영하는 A씨는 고객인 서울 모 구청 배드민턴동호회 회장으로부터 구청이 동호회를 위한 배드민턴 라켓과 셔틀콕 그리고 운동복을 구청 예산으로 구입할 것이란 정보를 입수하였다. A씨는 그 구청 구매 담당자를 소개받았으며 구매 공무원에게 적절한 운동기구와 그 구청의 특성을 살린 운동복 디자인을 제시하였고, 그 공무원은 매우 만족해하였다. 견적서도 제출하였다. 공무원은 금액이 적으니 수의계약으로 추진하겠다면서, 도움에 감사한다고 납품을 준비하고 기다리라고 하였다. 그런데 그 이후에 그 구청 구매담당 공무원과 연락이 끊겼고 한참이 지난 후에야 다시 연락이 왔다. 배드민턴동호회를 위한 구청의 구매건은 결국 공개경쟁입찰 방식으로 구매하게 되었다면서, 그간 협조해준

데 대한 고마움으로 A씨가 제출한 규격으로 발주하였으니 좋은 결과 있기 바란다는 덕담까지 해 주었다는 것이다.

A씨는 구청이 당초 약속인 수의계약이 아니라 공개경쟁 입찰 방식을 취한 것이 못마땅하지만, 범용인증서를 만들고 나라장터에 가입하는 등 입찰에 준비했다. 드디어 입찰공고가 게시되었다. A씨가 화가 난 것은 모든 구매 물품의 사양이 자신이 만들어 준 것과 정확히 토씨 하나 다르지 않고 일치하는데, 다만 입찰 참가자격이 관공서에 운동 도구를 납품한 경험이 있는 자로 제한되어 있었다는 것이다. A씨는 그런 실적이 없었고 입찰에는 참가하지도 못하였다. 구매 공무원은 구매에 필요한 모든 정보는 A씨에게 도움을 받은 뒤에 정작 발주는 다른 업자에게 혜택이 가도록 했던 것이다.

그것은 공무원이 자연인이 아니기 때문이다. 공무원은 개인이 아니다. 공무원은 자신이 속한 조직과 국가를 위해 일한다. 담당 공무원이 진짜로 어떤 기업이나 사장을 계약자로 하고 싶었을지도 모른다. 하지만 그 공무원의 결정보다 더 상위의 결정이 발생할 경우 그 공무원의 결정은 실현될 수 없다. 예를 들어 담당 국장과 아주 좋은 미래를 함께 설계했더라도 국장보다 높은 차관이나 장관의 결정이 내려오면 그 계획은 물거품이 된다. 혹은 그 정부조직에 더 많은 이익이 발생하는 변수가 생길 경우에 기존 결정은 쉽게 번복이 된다.

실제로 해외 국제입찰에서는 고위공무원과 아주 밀접하고 모든 사업자 선정 절차가 우호적으로 진행되어서 계약서 서명식만 남겨 놓은 상황에서도, 공무원은 이를 번복하기도 한다. 그리고 그 과정에서 어제의 친구가 돌변한다. 우리 회사를 제외할 구실을 찾기 위하여 입찰과정에 비리가 있고 허위의 서류를 제출했다는 등의 생트집을 잡고 조사단을 한국에 보내기도 한다. 공무원의 변심은 늘 대비해야 한다. 사장은 늘 공무원이 변심하는 조짐을 읽어야 한다.

멀지도 가깝지도 않게
정치인

> 정치인과 협조는 순조로운 사업을 위하여 매우 매력적이다.
> 하지만 그것은 머지않아 독이 될 수도 있다.

아주 오래전 일이다. 우리 회사가 감리과업을 수행하고 있는 한 건설현장에 정부합동점검반이 들이닥쳤다. 흔한 일은 아니다. 그 현장은 별로 크지 않은 교량공사로 합동점검을 받을 만한 현장이 못 된다. 상하수도나 지하철이나 터널공사 같은 공종은 공사현장이 지하이다. 일부러 들어가서 보지 않으면 밖에서는 보이지도 않는다. 그에 반해 교량공사는 현장이 지상에 노출되어 있다. 공사현황이나 진행이 빤히 보인다. 교량공사는 대부분 투명하다. 그런데도 점검반은 현장에 오랜 기간 머물면서 이것저것 세밀하게 조사했다. 결국 점검반은 교각 표면에 발생한 균열을 이유로 부실공사를 했다는 판단을 했다. 콘크리트 구조물은 표면에 균열이 자주 발생한다. 원인은 정말 여러 가지이다. 균열에 관심을 가져야 할 것은 그것이 구조적인 결함으로 인한 것인가이다. 그런 경우 균열은 성장한다. 구조적인 결함이 아니라면 콘크리트 표면의 균열이 구조물의 품질에 영향을 주는 경우는 많지 않다. 뿐만 아니다. 공사 중에는 부실공사가 성립하지 않는다. 부실공사는 공사가 끝나고 나서 판단할 문제이다. 공사 중엔 여러 가지 일들이 일어난다. 공사과정에 발생한 것들은 준공할 때까지 보완하면 계약상 문제가 없다. 그런데 정부는 막무가내로 부실시공으로 몰아서 처벌하려 했다. 정부는 절차에 따라서 벌칙을 적용하기 전에 청문회를 열어서 당사자에게 소명의 기회를 준다. 나는 청문회 준비를 하다가 우리 현장을 콕 찍어서 점검하고 말도 안 되는 점검 내용을 빌미로 관련 회사들을 벌주려 하는 이유를 알게 되었다. 정치적 이유였다. 그 현장의 시공을 담당한 건설회사는 당시 갑작스레 급성장하면서 세상의 관심을 끌던 회사였다. 건설 분야는 물론이고 전국에 아파트를 지어 팔면서 대기업으로 발돋움하던 회사였다. 당시 여당의 유력한 정치인이 그 회사와 관련이 있었다. 그리고 그 유력한 정치인이 당내에서 불편한 위치가 되면서 그 정치인을 다루기 위하여 그 측근들을 처리하고 있는 중이란 사실을 알게되었다. 우리 회사가 직접 대상은 아니지만, 감리 회사를 제외하고 건설회사만 처벌하는 것이 불가능하다는 것이다. 결국 그 사건은 언론에 보도되었고 나중에 슬며시 우리 회사는 처벌 대상에서 빠지게 되었다.

한번은 회사 밖에서 업무를 보고 있는데, 총무부에서 다급하게 전화가 왔다. 사법기관에서 지금 회사에 몇 분이 나와 있는데, 사장을 찾는다고 내 방에서 기다리고 있다는 것이다. 이런 경우에 사장은 회사에 나타나는 것보다는 나타나지 않는 것이 좋다. 나는 회사 인근에 도착해서 회사에는 들어가지 않고 상황을 예의 주시했다. 결국 사법기관에서 오신 분들은 총무이사와 경리부장을 임의 동행 형식으로 청사로 연행하여 함께 갔다. 회사의 최근 5년 결산보고서 사본도 제출받아 가지고 갔다. 나는 우리 임직원들이 연행되어 갔으므로 그 사정기관에 출두하지 않을 수가 없었다. 우리 회사에 나오셨던 분들은 연행했던 우리 회사 직원들을 회사로 돌아가도록 허락해 주었다. 그리고 나에게 우리 회사의 재무제표를 함께 점검해 보자는 것이었다. 나는 재무제표를 점검하기 이전에 우리 회사에 대하여 왜 이렇게 조사하는 것인지 알려달라고 그 이유를 물었다. 그들은 나의 친척 가운데 한 명의 이름을 거명하면서 그 사람과 어떤 관계이며 무슨 이유로 그 사람과 금전 거래가 있었느냐고 다그치는 것이다. 나는 그분이 나와 가까운 친족 관계이고 개인적으로 돈이 필요하면 그분에게 빌리기도 하고 형편이 되면 상환했으며 그것은 객관적으로 입증할 수 있음을 설명했다. 나는 길게 머무르지 않고 그곳을 나올 수 있었다. 우리 회사에 관심을 가진 이유는 한 중진 야당 의원 때문이었다고 한다. 그 야당 의원은 반정부 발언이 너무 과격하기로 유명했다. 그 야당 의원에 대하여 뒷조사를 하게 되었고, 그 과정에서 그 국회의원과 아주 친한 친구인 한 전직 고위공무원도 조사 대상이 되었는데. 그 뒤를 캐다보니 우리 회사가 나왔다는 것이다. 지금은 그런 일이 없을 것이다. 오래전의 일이다.

사업은 늘 경쟁이다. 질 경쟁이 아닌데 경쟁에서 질 때가 있다. 나중에 알고 보면 상대방의 배후에 정치인들이 있었을지도 모른다는 생각이 든 경우도 있었다. 나는 사각의 링에는 글러브를 낀 선수 두 명과 심판만 들어가야 한다고 믿는다. 링에 매니저나 후견인까지 들어가서 난타전을 벌이면 경기가 재미가 없다.

사업이 정치와 결탁하면 정말 쉬워진다. 계약도 쉽고 자금동원도 쉽고 민원처리도, 인허가도 쉽다. 하지만 정치로 성공한 사업은 대개 정치로 망한다. 정치나 정치인이 영원하지 않기 때문이다. 지금도 심심치 않게 대기업 규모의 기업이 어려움에 처하고 기업의 오너가 포토존에 서기도 한다. 느닷없이 강도 높은 세무조사를 받기도 한다. 정치의 무상함이다. 특히 중견기업이나 중소기업은 정치라면 일부러 피해 다니는 것이 좋을지도 모른다. 정치인에 대한 경조사에 부조금액수도 후원금도 모두 노출 가능성이 있다. 가깝지도 멀지도 않게, 경이원지(敬而遠之). 그게 정치인에 대한 사장의 올바른 태도일지 모른다.

법정에 선 사장님

> 사장은 법 앞에 늘 당당해야 한다. 법을 알고 지켜야 한다.
> 법이 사장에게 우호적이지 않기 때문이다.

대다수 사람들은 사장님이 부자일 것이라고 생각한다. 그리고 부자가 천국에 들어가는 것은 낙타가 바늘귀로 들어가기보다 더 어렵다고 생각한다. 이게 우회적인 표현이지 단순하게 다시 구성하면 사장은 부자이고 부자는 지옥에 가야 한다는 것이 우리 사회의 대체적인 관념이다. 언론에는 사장의 직원에 대한 부당한 행위들이 빈번하게 폭로되고 독자들은 마치 자신이 그런 경우를 당한 것처럼 분노하고 흥분한다. 사장님은 나쁜 사람이다. 대개는 그렇게 생각한다.

수도권에서 한 200병상 규모의 병원을 경영하는 지인은 세무조사를 한번 받고 나더니 앓아누웠다. 병원을 설립하고 이제 겨우 경영이 궤도에 오르기 시작하는 중인데 세무조사에 마음이 무척 상했나 보다. 앰뷸런스로 출퇴근한 것도 아니고 법인소유 승용차로 출퇴근을 하였단다. 그러다가 퇴근길에 법인 차량을 타고 동창회에 참석한 것인데 그

216   사장학개론

동창회 모임이 병원장 업무와 연관성이 있음을 입증하지 못한다면 그것은 법인 차량의 사적 이용이 된다고 한다. 차량의 운행을 회사 경비로 처리했다면 탈세가 되고 그 탈세한 금액만큼을 배임 횡령한 것이 될지 모른다. 가족과 식사를 하고 법인 카드로 결제하였다면 그것은 피할 수 없는 잘못이다.

세무조사를 받고 얼마 되지 않아서 그 병원장은 몸이 아파서 전신마취를 하고 수술을 받았다. 다행히 수술은 잘 끝났고 다시 건강을 되찾았다. 그리고 수술 후에 그의 좌우명이 '돈으로 막을 수 있는 일은 인생에 가장 작은 걱정거리이다.'로 바뀌었다. 자신이 병원장이지만 침대에 누워 수술실로 들어가는데 정말 만감이 교차하더라는 것이다. 병원장은 지금도 세무조사의 억울함이 자신의 건강마저 해친 것으로 믿고 있다. 더 억울한 것은, 세금에 관한 한 세무조사를 받은 사실과 거액의 세금을 추징당한 이야기를 하면, 듣는 사람들이 자기편을 드는 것이 아니라 내심 아주 고소해 하는 것을 느낄 수 있었다는 것이다.

회계와 경리는 다르다. 회계와 세법이 다르다. 회계의 계정과목과 세법의 계정과목이 꼭 일치하지 않는다. 따라서 꼭 악의적 목적이 아니더라도 어떤 회계처리는 세무전문가가 보면 잘못 처리된 지출일 수 있고 또 보는 사람에 따라서 견해가 다양해질 수 있는 경우도 있을 것이다. 기업 입장에서는 실수이고 오해이지만, 조사하는 입장에서 보면 범법이고 범죄일 수 있다. 기업 입장에서는 관행이고 회사의 이익을 위한 어쩔 수 없는 선택이지만, 수사기관의 입장에선 관련법 위반일 수 있다. 이래저래 사장은 범죄자가 되기 쉽다.

연봉제를 권장하던 시절이 있었다. 정부는 기업에 대하여 고용을 호봉제에서 연봉제로 유도하였다. 모든 기업은 공무원 임금 테이블 같은 호봉체계를 갖고 있었다. 노동자는 일 년이 지나면 임금인상과 호봉승급에 따른 급여의 증가를 예측할 수 있었다. 그런데 정부가 느닷없이 연봉제를 들고 나온 것이다. 회사와 노동자는 각각 임금협상을 통해 퇴직금 등을 포함한 연봉총액을 정하고, 그 연봉액을 13으로 나누어 매월 급여와 연말에 퇴직금을 지급하는 방식이었다. 능력만큼 일하고 일한 만큼 받는다는 취지에도 불구하고 이 연봉제고용은 실무에서 여러 가지 부작용을 초래했다. 시행 몇 년 만에 연봉제는 사라지고 다시 현재와 같은 퇴직금 제도로 환원하였다. 기업과 노동자는 양쪽 다 헷갈려했다. 일부 노동자는 그 기간 동안 매년 연말에 고용계약에 따른 퇴직금을 수령하고도, 퇴직할 때 그 기간까지 근속연수에 합산한 퇴직금을 회사에 청구하고 회사가 이를 지급하지 않으면 노동청에 회사를 고발했다. 회사는 결국 연봉제에 따라 퇴직금을 매년 지급하고 퇴사할 때 근속연수에 따른 퇴직금을 또 지급할 수밖에 없게 되었다. 그러나 동일인에게 퇴직금을 두 번 지급할 수는 없는 일이며 일부 불량한 노동자의 악의적 허위 주장을 수용할 수도 없는 일이다. 많은 기업주가 이 시기에 수사기관에 고발당하고 벌금이 부과되고 재판에 회부되기도 하였다. 재판 결과에 따라서 범죄로 확정되는 경우도 있었지만 양보할 수 없는 일이었다.

입찰에 참여하는 회사들끼리 담합하여 입찰을 방해하는 행위부터, 공무원에 대한 뇌물공여 행위와 설계와 다른 부실한 시공 등이 건설 관련 기업에 가장 흔한 범죄 행위들이다. 그리고 결국 회사에서 발생하는 모든 행위에 최종책임은 사장이다. 사장에겐 회사와 직원들이 전부이다. 사장은 그것을 위해서는 어떤 것도 버릴 수 있다. 법정에 서는 것쯤은 사장에겐 아무것도 아니다.

지금이야 많은 건설 관련 기업들이 오대양 육대주에서 엄청난 실적을 올리고 국위를 선양하고 있지만, 해외시장 개척 초기에 우리 회사 실적은 괄목할 만한 것이어서 훈장의 수상 대상이 되었다. 하지만 훈장을 받으려면 진행 중인 소송이 없어야 하고 사장이 노동법과 관련한 전과가 없어야 하는 등의 제약이 있었다. 결국 회사의 대표는 공로패 정도로 만족해야 하고 대신에 회사에 근무하는 담당 임원이 훈장을 받는 경우도 있었다.

기업의 대표는 법정에 서는 것을 두려워하면 안 된다. 어느 재벌 총수는 전과가 수십 개라고 하여서 화제가 된 적이 있다. 사회는 손가락질하고 임직원은 뒤돌아서서 비웃을지도 모른다. 하지만 회사의 대표는 범죄자가 되는 것이 영광이고 그 전과가 훈장일 수도 있다.

물론 다 그런 것은 아니지만, 그런 경우도 많다. 회사를 살리고 직원들과 먹고살기 위해서라면 법인의 대표는 못 할 일이 없다. 사장이 되려 한다면 수사의 대상이 되고 재판을 받는 것을 각오해야 한다. 물론 사장이 정상적인 기업 활동을 성실하게 한다면 실제로 형사적으로 처벌을 받거나 실형을 선고받을 가능성은 거의 없다. 법을 지키고 성실히 회사를 건전하게 경영하는 사장은 법과 제도가 보호해 줄 것이다. 사법 관련 공무원들은 전문가이다. 악덕한 사장인지 선량한 사장인지 옥석을 귀신같이 가려낸다. 그렇지만 사장은 회사와 직원을 위해서는 어떤 일도 감수하겠다는 각오는 갖고 있어야 한다.

선수와 선수

> 사장과 직원은 피차에 함께 가야 할 동반자이다.

컨설팅은 지식기반산업이다. 자산은 컴퓨터이고 엔지니어이다. 회사는 실적과 보유 기술자가 자랑이다. 아무리 규모가 큰 프로젝트도 결국엔 제안서와 보고서, 두 권의 책이 남을 뿐이다. 일이 몰리다 보면 야근이 많다. 늦은 밤에 가끔은 전화가 온다. 경찰서에서 걸려온 전화이다. 직원들이 술집에서 기물을 부수고, 음주운전을 하다가 적발된 경우도 있다. 야근을 하고 늦은 퇴근길에 싸움을 하기도 한다. 이런 경우 대개는 해당 부서장이나 총무부서장이 해결하지만 경우에 따라서는 사장에게까지 연락이 온다. 이런 경우 나는 직접 경찰서로 달려간다. 피해자와 합의를 하고 경찰서에 보증을 서고 해당 직원을 귀가하도록 한다. 돌아오는 길엔 그 직원들이 회사의 과도한 업무나 스트레스로 그런 것은 아닌지 마음 한구석에 미안한 마음이 있다.

다음 날 아침이면 그 직원들은 나에게 찾아와 술이 덜 깬 모습으로 고맙다고 인사를 건넨다. 하지만 나는 안다. 경험상 이런 직원은 얼마 되지 않아서 회사를 떠난다. 공식이나 사적인 모임에서 만나면 깍듯이 나를 대하고, 자신의 멘토 혹은 정신적 지주라고 치켜세우거나, 자신을 태워 어둠을 밝히는 촛불처럼 회사를 위하여 본인의 몸을 불사르겠다고 하지만 얼마 지나지 않아서 보면 그 직원은 회사에 없다. 그럴 것이다. 개인적인 실수도 맘이 불편한데, 그 일을 처리하는 데 회사의 도움을 받았으니 마음이 편하지 않았을 것이다. 그래서 기회를 보다가 이직의 기회가 생기면 그 기회를 놓치지 않는 것이다. 더욱 서운한 것은 대개 그런 직원들은 다른 회사로 이직한 뒤에 행사장이나 길을 가다가 우연히 다시 만나면 일부러 시선을 피하거나 보고도 못 본 척하며 눈도 마주치지 않고 그냥 지나간다. 반갑고 근황은 어떤지 궁금하기도 하고 눈이 마주칠 것에 대비해 미리 미소를 짓고 있던 나는 계면쩍어진다.

사장이 가장 신중해야 할 때가 임원이 슬며시 다른 회사에서 스카우트 제의가 들어왔다고 보고할 때이다. 이런 경우는 실제로 스카우트 제의가 있었을 수도 있지만 본인에 대한 회사의 신뢰를 확인하려고 하는 경우가 더 많다. 물론 경쟁사에서 우리 회사보다 더 높은 직급과 보수를 제안했을 수도 있다. 사장은 이럴 때 고민해야 한다. 속는 셈 치고 약간의 처우 개선으로 그 임원을 붙잡을 것인지 아니면 보내드릴 것인지 선택하여야 한다. 임직원들은 꼭 회사가 지금 그 사람이 없으면 안 되는 중요한 상황일 때, 다른 회사에서 스카우트 제안을 받는다.

사장은 늘 예의주시 하여야 한다. 특정 부서나 임원에게 업무를 의존하거나 집중되는 것을 예방하여야 한다. 예를 들어서 새로운 분야로 사업영역을 확장할 때가 그렇다. 특정 부서나 임원을 영입하거나 혹은 회사에 새로운 사업부서를 꾸릴 때 신중해야 한다. 그 사람이나 그 부서가 아니면 그 일을 할 수 없는 구조는 위험하다. 신규 사업이 매우 성공적이고 안정적으로 돌아가기 시작하면 그 사업부서 임원과 직원은 태도가 바뀔 가능성이 있다. 회사에 대하여 특별한 대우나 보수를 요구할 것이고 회사의 자신들에 대한 처우에 대하여 무엇인가 불평을 하기 시작할 것이다. 사장이 그 사업부서를 통제하기 어렵게 되면, 결국은 집단으로 다른 회사로 가든가, 아니면 퇴사하고 새로운 법인을 만들지도 모른다. 그렇게 되면 확장된 사업영역은 위기를 맞게 된다. 사장은 회사의 사업영역을 확장하는 데 신중해야 한다. 기업은 사람이다. 그런데 사람의 마음은 늘 변한다. 새로운 사업영역으로의 진출은 새로운 사람들과의 만남이다. 사장은 늘 대비책을 갖고 있어야 한다. 사장은 어떤 경우에도 사업 전반에 대한 주도권을 잃지 말아야 한다. 사업은 결국, 사장과 임원, 자본과 노동, 그 선수들이 함께 펼치는 신나는 무대이다.

실제로 나는 정부 투자기관 임원 출신이 부서장인 부서를 믿고 아시아 모 국가의 컨설팅 계약을 체결한 적이 있다. 준공 날이 다가오는데 그 부서에서 보고서 작성에 대한 어떠한 움직임도 보이지 않는 것이다. 그 임원에게 업무 추진 내용을 확인하였더니 계획대로 진행 중이고 문제가 없다는 대답이다. 나는 준공 15일 전에 직접 회의를 주재하고 과업의 준공 준비에 대한 보고를 요구하였다. 부서장인 그 임원은 사장이 자신의 업무에 부당하게 개입한다는 이유로 회의에 불참하였다. 부서장을 제외하고 어떠한 사람도 그 과업의 진행 내용을 모르고 있었다. 준공무원 출신인 그 해당 부서장은 본인이 그 과업을 수행할 능력이 없었으나 자존심 때문에 그 같은 사실을 드러내지 못하고 시간만 끌고 있었던 것이다. 결국 그 일은 캐나다 협력회사의 하도급으로 마무리할 수 있었지만 회사는 손해를 감수해야 했다. 그 임원은 자신이 망가트린 그 사업을 성공적으로 수행했다고 자기소개서를 작성하여 다른 기업에 좋은 조건으로 이직하였다. 실제로 이런 일들은 생각보다 많이 발생한다. 따라서 관리자나 사장은 늘 부서에 부여된 과업들이 잘 처리되고 있는지, 과업이 특정 부서에 지나치게 의존하고 있는 것은 아닌지 늘 관심을 가져야 한다.

배신의 징조

> 배신하는 사람들의 특징적 행동이 있다.
> 작심하고 배신하는 사람은 피해가야 한다.

　나는 15개 나라에서 비즈니스를 했다. 현지에 법인을 만들기도 했고 현지법인과 합작도 했었고 전문가를 파견하기도 했고 현지에서 사업자를 선정해서 건설공사를 수행하기도 했다. 많은 사람들과 다양한 관계를 가졌다. 그리고 그 인간관계의 끝엔 늘 배신이 도사리고 있었다. 외국에서 현지인과 내가 친구가 될 수 있는가, 나의 대답은 No이다. 외국인과는 친구가 될 수 없다. 그들은 나를 친구 또는 형제로 부른다. 나도 그들을 친구 또는 형제라고 부른다. 하지만 우린 피차에 가장 큰 이익을 챙길 수 있는 순간에 서로 배신하게 될 것이다. 피차에 한 번 숨으면 찾기 힘들다는 것을 안다. 비즈니스 관계에선 그렇다.

　필리핀 마닐라에 일을 도와주는 친구가 있었다. 필리핀 사람인데 발이 꽤 넓었다. 정부 고위급인사에게 다리를 놓아줄 것을 부탁하고 마닐라를 방문하면 미팅을 주선해 놓고 날 기다렸다. 필리핀 사람치고는 시간관념도 철저했다. 늘 내가 호텔에 체크인하기 전에 호텔 로비에서 날 기다리고 있었다. 필리핀 정부의 발주 정보나 평가기준 등 일반인이 접근하기 힘든 자료들도 쉽게 구해서 나에게 제공하였다. 무엇보다도 돈에 대한 욕구가 적었다. 대개 자기가 한 일에 대하여 생색을 내고 그에 대한 적정한 보상을 요구하는 것이 이런 일을 하는 사람들의 평균이지만 이 사람을 그렇지 않았다. 돈이 필요하지 않으냐고 하면 그냥 웃었고 거마비를 지급하면 돈이 너무 많다고 감사해 했다. 그렇게 몇 년을 함께 지냈다. 나는 마닐라의 업무를 그에게 일임했다.

그러던 중 문제가 발생했다. 일본의 컨설팅 회사와 공동으로 필리핀의 도로사업에 도전하여 계약자가 되었다. 일본회사가 대표회사였고 우리 회사는 공동도급사의 자격이었다. 여기까지는 좋은 일이었다. 그런데 그 일본회사가 계약을 포기했다. 주계약자가 계약을 포기하면, 덩달아 공동도급자인 우리 회사도 계약을 포기한 것이 된다. 만일 이 때문에 발주처인 필리핀 정부가 다시 사업자 선정 절차를 수행해야 하고 이로 인하여 경제적 손해가 발생한다면 우리에게 손해의 배상을 요구할 수도 있고, 차관을 제공한 아시아개발은행의 블랙리스트에 우리 회사 이름이 등재될 수도 있다. 블랙리스트에 이름이 오르면 3년간 아시아개발은행 지원사업의 사업자 선정 절차에서 불이익이 있다. 회사는 막대한 타격을 입게 된다. 그때 그 친구에게서 연락이 왔다. 자신이 이 문제를 해결할 수 있고 2만 불이 필요하다는 것이다. 회사가 어려워질지도 모르니까 판단은 나보고 알아서 하라는 것이다. 그러면서 자신이 좋은 집안에서 태어나서 좋은 교육을 받았으며 아들이 호주에서 직장생활을 성공적으로 하고 있다는 등 묻지 않은 정보까지 제공하였다. 나는 직감했다. 이제 헤어질 시간이 다가오고 있는 것이다. 마닐라에서는 택시 운전기사 한 달 월급이 200달러 정도이다. 많은 개발도상국가에서 택시기사 월급이 그 나라 평균임금에 가깝다. 2만 달러이면 거금이다. 그리고 나의 그 예측은 크게 벗어나지 않았다.

　다른 것은 몰라도 배신은 하지 않겠습니다. 저에게 아들이 둘 있습니다. 그 아들을 걸고 사장님을 위하여 충성을 맹세하겠습니다. 요즘은 국가와 계약을 하고 그 대금청구를 직접 공무원을 만나지 않아도 인터넷이나 우편으로 할 수 있지만, 그때는 직접 청구서와 세금계산서 그리고 시세와 국세완납증명을 발주처에 제출하던 시절이었다. 계약 조건에 따라서 청구하면 2주일 이내에 정부는 대금을 지급하던가 아니면 청구서를 반송해야 한다. 그 임원은 정부 담당직원에게 뇌물을 주면 3일 이내에 수금을 할 수 있다는 것이다. 뇌물을 주면 회사로서는 경비가 발생하지만 수금이 빨리 되기 때문에 수금이 지연되는 것보다 은행이자로 계산하면 이득이란 것이다. 다른 회사도 다 그렇게 한다는 것이다. 그리고 자기는 모든 회사 업무에 아들들의 이름을 걸고 사장님만을 위하여 최선을 다하고 있다는 고백도 잊지 않았다. 나는 직감했다. 역시 이별의 순간이 다가오고 있는 것이다. 나는 내키지는 않았지만 그 임원이 수금을 위해 발주처와 협의하는 데 불편함이 없도록 요청한 금액을 결재해 주었다. 그런데 그로부터 며칠 되지 않아서 그 임원이 아무 말 없이 회사를 무단결근했다. 전화도 받지 않는다. 그리고 한 장의 내용증명 우편물이 회사에 배달되었다. 회사가 자신에게 공무원에게 뇌물을 주고 수금이 빨리 되도록 하라고 강요했다면서 양심상 도저히 이를 받아들일 수 없어 출근하지 않고 있다고, 회사가 자신에게 오천만 원을 3일 내로 월급 계좌에 입금하지 않으면 이 사실을 사직당국에 고발하겠다는 내용이었다.

아르메니아 수도 예레반에서 택시를 탔다. 공공사업부를 방문하고 거기서 협력업체를 방문하러 가는 길이었다. 공공사업부 앞에 줄지어 대기 중인 택시들에게 요금이 얼마인지 물었다. 모두 외국인인 나에게 터무니없는 금액을 요구하는 것이다. 그런데 한 택시기사가 합리적인 가격을 제안한다. 그 택시를 탔다. 택시기사가 가는 동안 내내 종교 이야기와 함께 자신이 깨끗하고 착한 사람이라고 반복적으로 장황하게 설명한다. 지나치게 강조한다. 나는 눈치를 챘다. 택시를 잘못 탄 것이다. 그 택시기사는 목적지에 나를 데려다주고는 다른 나쁜 기사들이 요구했던 택시요금보다 더 많은 금액을 청구했다. 택시 타기 전에 합의한 금액을 말해 보아야 소용이 없다. 막무가내로 자신이 요구한 바가지 요금을 내라는 것이다. 택시 강도를 만나기도 하는데 나를 무사히 목적지에 데려다준 것만으로도 고마운 것이라고 스스로 위로하는 수밖에 없었다.

나에겐 정직에 대한 고정관념이 있다. 정직은 선이고 정직하지 않은 것은 악이란 사고이다. 하지만 세상엔 나와 같은 생각을 하지 않는 사람들이 더 많다. 남을 속이는 것을 능력이라고 여기는 사람들도 많다. 비즈니스는 결국 속이려는 사람과 속지 않으려는 사람의 치열한 두뇌 게임일지도 모른다.

그 사람들로서는 그것이 배신이 아니었을 수도 있다. 나름대로 돈을 버는 방법이었는지 모른다. 하지만 그 사람들의 변명에도 불구하고 나의 입장에서 그것을 배신이라고 정리한다면, 배신에는 전조증상이 있다. 그것은 국내나 국외나 동일하다. 그냥 덤덤하면 그것은 믿어도 된다. 하지만 충성을 맹세하거나 지나치게 젠틀하거나 혹은 식구를 들먹이거나 자신이 믿을 만한 사람임을 너무 강조하면 그것은 배신이 임박했다는 방증이다.

배신에 직면했을 때 당황하면 안 된다. 배신의 피해가 더 커진다. 그것을 예측하였더라도 회피하려 하면 역시 더 위험해진다. 사장은 친구의 배신 앞에서 담담해야 한다. 유능한 사장은 배신에 슬퍼하지 않는다. 배신자도 품에 안아야 한다.

경험의 오류

> 경험은 과학이라고 생각할 수 있다.
> 그러나 경험만큼 믿지 못할 것도 없다.
> 사장이 빠지지 말아야 할 오류의 첫 번째이다.

경험은 운명을 바꾼다. 경기마다 패배하던 축구팀이 어느 날 이겼다. 감독은 이겼다는 것보다는 선수들이 승리의 경험을 한 것이 더 소중하다고 말한다. 이겨본 경험은 선수들에게 자신감을 준다. 고기도 먹어본 사람이 잘 먹는다는 말은 경험의 중요성을 강조한다. 승리에 생소한 사람은 승리 앞에서 작아진다. 경험은 과학이라고 한다. 경험을 믿지 못할 이유가 없어 보인다. 하지만 과연 경험이 믿을 만한 것인가.

개를 대상으로 실시한 한 실험결과는 경험이 행동에 얼마나 많은 영향을 주는지 증명한다. 마틴 셀리그만(Martin E P. Seligman)은 개 24마리를 각각 8마리씩 3개의 방에 가두었다. 각각의 방은 모두 4개의 벽으로 막혀 있다. 첫 번째 방은 바닥에 전기가 흐르도록 시설되어 있다. 그리고 벽에 스위치가 있다. 스위치를 누르면 4개의 벽 가운데 한 개가 열린다. 두 번째 방도 바닥에 전기가 흐른다. 그리고 벽에 스위치가 있다. 첫 번째 방과 다른 점은 스위치를 눌러도 아무 벽도 열리지 않는다. 세 번째 방은 바닥에 전기도 흐르지 않고 스위치도 없다. 첫 번째 실험은 바닥에 전기를 통하게 하는 것이었다. 첫 번째 방의 개들은 스위치를 누르고 탈출을 하였다. 두 번째 방의 개들은 스위치를 눌러도 아무 벽도 열리지 않으므로 탈출을 포기하고 그냥 방안에 머문다. 세 번째 방의 개들은 바닥에 전기도 흐르지 않고 스위치도 없으므로 변화가 없다. 다음 실험은 모든 방에 스위치를 제거하고 4개의 벽 가운데 한 개의 높이를 반으로 줄였다. 이 높이는 개들이 그냥 충분히 넘을 수 있는 높이였다. 그리고 세 개의 방 모두에 대하여 바닥에 전기를 흘렸다. 첫 번째 방의 개들은 쉽게 벽을 넘어 탈출한다. 스위치를 누르고 방을 탈출한 경험이 있다. 세 번째 방의 개들도 탈출한다. 아무런 학습된 사전 경험이 없어도 바닥에 전기가 흐르면 가볍게 벽을 넘어 도망간다. 그러나 두 번째 방의 개들은 낮아진 벽을 넘어 탈출하지 않는다. 방안에 머물며 전기의 충격을 고스란히 견딘다. 스위치를 눌러도 탈출할 수 없었던 그 실패의 경험 때문이다.

두 번째 방의 개들에게 넘을 수 있는 높이의 담을 넘지 못하게 한 것은 좌절이었다. 과거에 발톱이 빠지도록 긁어 댔지만 열리지 않던 그 경험이 이제 탈출의 기회 앞에서 스스로 포기하게 만드는 것이었다. 스위치를 누르면 탈출할 수 있었던 개들은 담을 넘어 도망간다. 과거 성공의 경험 때문이다. 차라리 스위치가 없던 방에 있던 개들도 순순히 위기를 탈출한다. 좌절의 경험이 없기 때문이다. 하지만 발바닥에 죽을듯한 전기의 충격이 전해지는데도 도망갈 길이 없었던, 스위치를 아무리 눌러대도 아무 벽도 열리지 않았던 그 밀폐된 공간 안에서의 절

사장학개론

망의 기억, 그것이 탈출 기회가 오더라도 스스로 그 기회를 거부하게 만든다는 것이다. 기억은 행동을 지배한다. 마틴 셀리그만은 이를 '학습된 무기력'이라고 정의했다.

이 실험은 꽤나 유명하게 사회와 심리 등등에 인용되고 적용된다. 총을 쓰는 사람은 총으로 망하고 칼을 쓰는 사람은 칼로 망한다는 말이 있다. 여기서 총을 쏘는 사람이란 그냥 총을 쏘는 사람이 아니라 총을 잘 쏘는 사람 즉 명사수를 말한다. 칼을 쓰는 사람이란 칼을 그냥 쓰는 사람이 아니라 칼의 달인을 말한다. 누구에게도 져보지 않은 달인들이다. 소위 잘 나가는 사람들이다. 이 사람들이 하루아침에 무너지는 것은 패배의 기억을 너무 일찍 잊어버린 것이다. 달인이 되기 이전의 시절, 초심을 잊은 것이다. 그리고 결국은 자만에 빠져서 새로운 고수에게 쓰러진다. 그래서 칼 쓰는 사람은 칼에 망하고 총 쓰는 사람은 총에 망한다는 말이 성립되는 것이다.

영화 〈암살〉에서 이정재가 열연한 염석진은 독립 운동가다. 그는 일본 형사에게 잡혀서 고문을 당하고 좌절을 맛본다. 그리고 전향해서 김구를 암살하는 데 협조한다. 그는 왜 조국을 배신했느냐는 질문에 '몰랐으니까. 해방될 줄 몰랐으니까'라는 명대사를 남긴다. 패배의 기억. 절망의 기억이 행동을 변화시킨다. 해도 안 되니까 포기하는 것이다. 일본 경찰에 잡혀서 모진 고문을 당하면서 느꼈던 그 비상구도 없는 절망의 경험이 그를 변절하게 만든 것이다. 학습된 무기력이다.

사장은 경계해야 한다. 늘 깨어 있어야 한다. 경험이 자신과 사업을 지배하게 허용해서는 안 된다. 익숙해진 경험들을 거부하지 않으면, 그 경험들이 나도 몰래 내부에 침투하여 바이러스처럼 퍼져 나간다. 그것이 긍정적 경험이든 부정적 경험이든 간에, 나도 모르는 사이에 나를 지배하고 마비시킨다. 매너리즘에 빠지게 한다. 아침에 회사에 출근하면 늘 사장실 앞의 직원이 나에게 웃으며 인사한다. 그것은 일상화된 경험이다. 하지만 내일 아침에 출근했는데, 그 직원이 나에게 사표를 제출하고 회사를 떠날 수도 있다. 어제 성공한 방법이라고 오늘 또 그 방법을 채택해서는 안 된다. 어제 패배한 경쟁자가 밤새워 다른 방법을 마련했을 수도 있다. 이미 십 년이 넘은 거래처이며 안정적이라고 생각해도 내일 아침에 그 거래처는 새로운 파트너를 찾아서 떠날 수도 있다. 경험은 믿음이다. 경험은 운명을 바꾼다. 하지만 경험은 어느 날 또 다른 경험 앞에 속절없이 무의미해진다. 익숙한 경험이 주는 매너리즘을 늘 경계해야 하는 이유이다.

수익성을 높이는
가장 좋은 방법

> 돈을 벌기는 쉽다. 정당하게 벌기가 어렵다.

회사의 신용은 매우 중요하다. 세간의 평판도 역시 그렇다. 회사의 신용이 좋지 않으면 비용이 증가한다. 납품업체의 입장에서 결재조건이 현금이고 제날짜에 수금이 확실하다면 조금 이익이 적더라도 그 회사와 거래를 마다할 이유가 없다. 반대로 수금이 불확실하고 평판이 좋지 않다면 같은 물건이라 하더라도 거래조건이 나빠지는 것은 당연하다. 리스크 비용이 추가되기 때문이다. 따라서 회사의 신용도와 세간의 평판에 늘 관심을 갖는 것이 결국 회사의 가치를 높이는 일이다.

사장이 직접 회사의 협력업체 즉 납품업체와 공동도급업체 또는 하도급업체를 모니터링 하는 것도 좋은 방법이다. 이메일 혹은 우편으로 우리 회사와의 거래에 불편부당한 일은 없었는지 또는 개선할 점은 없는지 정기적으로 확인하는 것이다. 실제로 부당한 일이 있었다고 사례를 보고해 오는 일은 거의 없다. 하지만 그렇게 사장이 관심을 갖는 것만으로도 내부 직원과 외부 협력업체 모두에게 긍정적 효과가 있을 수 있다. 건전하고 선량한 거래는 결국 우리 회사와 협력업체 모두에게 좋은 결과를 가져다준다.

하지만 협력업체와의 건전하고 선량한 거래에서는 계약서만큼의 이익만 기대할 수 있다. 그렇게 해서는 다른 회사보다 고도성장을 할 수 없다. 결국은 도태될 수도 있다. 지금의 대기업 가운데 일부 기업들도 그렇게 해서 고속 성장을 이루며 오늘에 이르렀다. 납품업체의 규모가 커지고 수익성이 늘어나면 불공정하게 그 업체를 압박해서 손을 들지 않을 수 없게 만들고 결국 헐값에 사들여 몸집을 불려왔다. 하도급업체가 어느 규모로 성장해서 사업이 궤도에 오르면 어느 날 갑자기 하도급 물량을 끊고, 이 때문에 경영이 어려워지면 헐값에 사들여 계열사로 편입시켰다. 물론 다 그런 것은 아니지만 그런 경우도 있었고 그런 행위는 지금도 현재진행형이다.

대금 지급도 그렇다. 대금을 처음엔 잘 지급한다. 협력업체는 안심하고 납품 물량을 늘린다. 그리고 그 규모가 협력업체의 경영에 영향을 줄 만큼의 정도에 이르렀을 때 슬며시 대금 지급을 한 달 미룬다. 협력업체는 고민한다. 자신들이 무엇을 잘못해서 대금 지급을 미루는 것인지 나름대로 이유를 찾는다. 다음 달에 또 대금 지급 계획이 없음을 통보한다. 협력업체는 나름대로 이유를 파악하기 위하여 정보를 수집하고 대금 지급을 촉구하는 공문을 보내고 회사에 찾아와 소란을 피우기도 한다. 그다음 달에 또 대금 지급 계획이 없음을 통보한다. 이렇게 되면 협력업체는 태도가 달라진다. 사실 소송을 해 보아야 오랜 시간이 걸린다. 대금 지급이 늦어지는 것이 협력업체의 귀책이라고 주장하면 소송의 결과는 낙관하기 어렵다. 협력업체는 대금을 석 달이나 못

받으니 자금에 압박이 온다. 결국 협력업체는 절충안을 제시한다. 받을 돈의 지연 지급에 따른 이자를 포기한다. 아울러 원금도 포기한다. 받을 돈의 50%만이라도 즉시 지급해 주면 문제 삼지 않겠다고 할 수도 있다. 회사는 협력업체에 지급할 돈을 3개월이나 무상으로 융통하고 대금의 50%만 지급할 수 있게 된 것이다. 제날짜에 주어야 할 대금을 정직하게 지급한 것보다 50% 이상의 수익이 늘어난다. 기업은 그렇게 성장하는 경우가 많다.

내 시계는 독일제의 한 30만 원 정도 하는 전자시계이다. 어느 날 시계가 멈추었고 건전지를 갈아도 가지 않는다. 자주 가는 시계방에 갔더니 부품을 바꾸어야 한다는 것이다. 수리비는 시계 가격의 20% 정도인 6만 원이라고 한다. 부담스럽다는 생각에 다른 시계방에 갔다. 시계를 살펴보더니 이런 시계는 고장이 날 곳이 없다며 찬찬히 다시 보더니 건전지와 시계의 접촉 부분을 알코올로 닦는다. 건전지 접촉 불량이라는 것이다. 신기하게 잘도 간다. 수리비가 얼마냐고 물으니 그냥 가라고 한다. 두 시계방 가운데 누가 더 수입이 좋을지는 미루어 짐작이 간다.

서울의 한 여자대학 총동문회에서 연말 송년 파티를 한다. 많은 참가를 독려하기 위하여 경품이 있다고 광고하였다. 그리고 그 파티 마지막에 행운권을 추첨하였다. 최고의 행운은 다이아몬드 반지였다. 보증서도 있었다. 그 행운의 주인공이 그 경품 반지를 보석상에 가져가서 감정을 했다. 가짜였다. 사람들은 보증서가 있는 다이아몬드를 잘 감정해 보지 않는다고 한다. 보증서를 믿기 때문이다. 이를 악용한 것이다. 보증서를 첨부한 가짜 다이아몬드반지를 납품한 것이다.

엔진 점검 지시등이 깜빡이기에 카센터에 갔다. 핸들과 에어백을 통째로 갈아야 한단다. 왜 부품을 안 팔고 유니트로 파는지 이해가 안 간다며, 자동차 회사가 도둑이라고 너스레를 떨며 수리비가 30만 원이며 부가세는 별도란다. 병원과 카센터는 여러 곳을 가보아야 한다. 다른 정비 업소에 갔다. 케이블이 낡아서 오작동한다고 그것만 갈면 된다며 부가세 포함해서 5만 원이란다. 시계방이나 보석상이나 카센터나 방법은 같다. 돈 버는 방법은 의외로 쉽다.

외국이라고 별로 다르지 않다. 한 상사 주재원이 영국 런던지사에 발령을 받았다. 파견 기간은 1년이었다. 아파트를 임대하였다. 표준 임대 계약서에 따라서 1개월분 임대료를 다운페이로 지급했다. 이 돈은 임대 기간이 끝나고 이사를 갈 때 집주인에게 돌려받는 돈이다. 우리의 임대보증금 성격이다. 그리고 1년간 분쟁 없이 평화롭게 아파트에서 가족과 함께 잘 지냈다. 드디어 지사 파견 근무가 끝나고 귀국을 위하여 이사를 했다. 집을 비우고 집주인에게 보증금을 반환하여 줄 것을 요청하였다. 계약서와 보증금으로 지급한 돈의 영수증을 함께 제시하였다. 집주인은 보증금을 돌려줄 수 없다는 것이다. 이유를 물었다. 아이들의 소음으로 이웃집에 민원이 발생하여 경찰이 출동했었다는 것이다. 자신들은 알지도 못하는 날짜에 아파트 입구에 출동한 경찰차의 사진이 첨부되어 있다. 아파트 입주민의 의무인 현관 앞 공용공간의 청소를 하지 않아서 집주인이 직접 외부청소부를 불러서 청소했다는 것이다. 역시 자신들은 기억도 못 하는 날짜에 누군가 아파트 현관 앞 복도를 청소하고 있는 사진을 증거로 제시하더라는 것이다. 뿐만 아니다. 아파트 지하 주차장에 주차를 하면서 차를 남의 주차공간에 주차하는 바람에 그 주차공간의 주인이 외부의 다른 유료 주차장에 주차를 하여야만 하였고 집주인이 그 주차경비를 부담해야 했다는 것이다. 역시 남의 차선을 약간 물려 주차한 사진을 증거로 제시하더라는 것이다. 일년에 열두 달 임대료만 성실하게 받는 집주인과 임대료에 보증금까지 챙기는 집주인의 수익성은 크게 차이가 난다. 누가 금방 부자가 될지는 불문가지이다.

하지만 욕심이 너무 과하면 탈이 나기 마련이다. S씨는 무녀독남의 외아들이다. 어려서부터 외롭게 컸다. 그래서 그런지 혼자 있는 것을 좋아한다. 직업도 혼자서 하는 분야를 선택했다. 탱크로리를 한 대 사서 직접 운전을 했다. 정유공장에서 생산된 석유화학제품을 중간 판매상에게 운반하는 일을 했다. 그 일을 하다 보니 자연스레 석유화학산업 전반에 대한 이해가 늘어나게 되었다. 그리고 은행과 여기저기서 자금을 모아서 조그마한 원유 정제공장을 설립하였다. 정유공장에서 원유를 받아다가 벤젠과 신나 등의 제품을 생산하는 설비이다. 규모가 작을 뿐이지 정유공장이나 마찬가지 기능이다. 그런데 그 공장이 가동에 들어가면서 S씨의 씀씀이뿐 아니라 생활이 변했다. 작은 정유공장을 하는 사장님 같지 않게 달라졌다. 윤택한 정도가 아니라 호화로워졌다. 그리고 얼마 지나지 않아서 수사기관의 조사를 받고 있다는 소식을 들었다. S씨는 가짜 휘발유를 생산하고 있었던 것이다. 그는 가짜 휘발유라는 말에 동의하지 않는다. 자기 공장 제품이 품질은 세계 최고란다. 진짜 휘발유란다. 단지 세금을 안 냈으니 탈세 휘발유임은 인정한다는 것이다. 결국 여러 가지 죄목들로 기소가 되었고 실형을 선고받았다. 사장이 유고이니 기업은 제대로 돌아갈 리가 없다. 결국 회사는 부도를 막지 못했고 공장은 경매에 넘어가고 모아둔 재산은 그간

내지 않은 세금으로 납부되었다. 그냥 탱크로리를 성실히 운전하며 살았더라면 더 좋았을지도 모른다. 지나친 욕심이 자신과 가족과 주변을 힘들게 한 것이다.

전문가가 되면 돈이 보일 때도 있다. 유혹이 있을 수도 있다. 남들이 다 그렇게 하고 있을 수도 있다. 사실 돈을 벌기는 쉽다. 정당하게 벌기가 어려울 뿐이다.

배에 짐을 다 실었는데
바람이 안 분다

> 안 될 때는 다 안 된다. 억지로 해도 안 된다.
> 사업이 안 풀리면, 안 풀릴 때만 할 수 있는 일을 하면서
> 때를 기다려야 한다.

중국 북경을 패키지로 여행을 가면 꼭 들르는 곳이 자금성, 천안문 광장, 만리장성 그리고 천단공원 등이다. 천단공원은 천자, 즉 중국의 임금이 기우제를 지내던 곳이다. 가뭄이 들면 황제는 천단공원에 있는 기년전에 올라 하늘에게 비를 내려 달라고 기도했다고 한다. 그곳을 방문하였을 때 내 머릿속에 떠나지 않은 의문이 있었다. 왕이 저곳에서 기우제를 지낼 때 기우제를 지내면 정말 비가 올 것이라고 믿었을까. 아니면 기우제를 지낸다고 비가 오지 않을 것은 알았지만, 백성들에게 보여주기 위하여 기우제를 올렸을까. 물론 왕은 정치인이고 정치인이 하는 일은 모두 정치적이었을 것이다.

회사는 바람을 탄다. 순풍을 타기도 하고 역풍을 타기도 한다. 홍수도 만나고 가뭄도 만난다. 순풍일 때 회사는 하는 일마다 잘 된다. 역

풍일 때 회사는 하는 일마다 잘 안 된다. 순풍일 때는 회사 분위기가 따스하며 사장과 임직원과의 관계도 좋다. 회사가 역풍에 휘말리면 분위기는 침체되고 불만의 목소리가 여기저기서 터져 나온다. 그럴 때면 대개 임원 가운데 나이 드신 분들을 중심으로 이벤트를 제안하기도 한다. 전 직원의 마음을 담아서 고사를 지내자는 것이다. 돼지머리를 올려놓고 그 콧구멍에 지폐도 끼우고 푸닥거리를 지내자는 것이다. 그것이 미신이라기보다는, 전 직원들에게 심기일전하여 패배의식을 탈출하는 계기로 삼자는 것이다. 일체유심조이고 세상은 마음먹기 달렸으니 고사라는 이벤트를 통하여 불안의 연결고리를 끊고 한마음으로 새로운 분위기를 만들어 보자는 제안이다. 그리고 무엇보다 사장이 회사의 부진을 탈출하기 위하여 노력을 하고 있다는 모습을 사원들에게 보여주는 것이 직원들에게 위안이 될 것이란 설명이다. 왕이 천단에 올라 노여움을 풀고 이제 비를 내려 달라고 하늘에 기원했던 것처럼, 사장을 필두로 전 직원이 마음을 모아 기우제를 지내자는 것이다.

한번은 총무이사가 나에게 부적을 하나 가져온 적이 있다. 총무이사는 사장실 회의 테이블 아래의 이면을 늘 확인하였단다. 그럴 리는 없지만 세상이 하도 험하니까 누가 슬며시 사장실에 도청장치를 설치하지는 않았는지 가끔 점검하였단다. 그러던 중에 테이블 아래 배면에 붙어있는 부적을 한 개 발견하게 되었다는 것이다. 누가 해코지를 하려고 한 짓이라면 그것은 정말 심각한 일이고 이것을 발견해 제거한 총무이사님은 정말 엄청난 공을 세운 것이다. 그러나 그 부적을 사장실 회의테이블에 설치하신 분이 누구인지는 머지않아서 밝혀졌다. 회사가 뭔가 자꾸 안 좋은 일만 생겨서 마음이 불편하던 중에 용하다는 분을 찾아갔더니 부적을 하나 만들어주면서 사장실에 붙여 놓되, 사장이 몰라야 효험이 있다는 것이었단다. 그리고 그분은 나에게 그 용하다는 사람을 직접 찾아가서 한번 만나보는 것이 어떻겠냐는 것이다.

나는 자신이 대기업 최종 면접 때 참여했다고 주장하는 한 관상가를 안다. 진술 내용이 너무 구체적이었다. 자신이 면접에 참여해 의견을 제시했다고 하는 대기업 회장의 구체적 면면에 대한 진술이나 그 사람이 채용에 관여했다는 임원들의 프로필 등이 상당히 구체적이었다. 사실인지 아닌지 알 방법은 없지만, 회사의 주요 보직에 임명할 사람을 선택하는 면접에 자신이 총수 옆에 앉아서 후보자의 관상을 보고 의견을 제시했으며, 그 의견은 늘 실제 인사에 반영이 되었다는 것이다. 실제로 대기업도 부적이나 고사 등의 일들이 전혀 없는 것은 아닌듯하다.

인간사도 그렇지만 사업도 그렇다. 좋은 일만 일어날 때도 있고 나쁜 일이 줄지어 일어날 때가 있다. 세무조사가 나오더니, 정부의 무슨 점검과 단속이 들이닥치고 안 그럴 것 같은 사람들이 줄줄이 소송을 제기하고 사고는 꼬리를 물고 그렇게 되면 직원들 사이에 이상한 소문이 돌기도 한다. 사장이 덕이 없어서 그렇다는 말도 나오고, 전혀 이성적이지 않은 원인들이 임직원들의 뒷담화에 등장하기도 한다. 사장은 난감하다. 이럴 때 중국의 황제가 했던 것처럼 기년전 천단에 올라 하늘의 노여움을 풀어야 하는 것인가. 아니면 최소한 사장이 그런 노력이라도 하고 있음을 직원들에게 보여줌으로써 마음에 안심이라도 주어야 하는 것인가. 사실 직원들이 불안해하는 것이 가장 큰 문제이다. 심리적 동요가 있으면 안 된다. 사장은 직원들이 평온한 상태에서 자신의 능력을 개발하게 해 주어야 할 책임이 있다.

　산불은 분명 인간에겐 재앙이다. 불이 나면 사람이 수십 년 동안 애써 가꾼 나무들이 불에 타고 건축물이 소실되곤 한다. 하지만 산불은 인간에겐 재앙이지만 자연에겐 재앙이 아닐 수도 있다. 산불은 사람의 실수가 아니어도 늘 발생한다. 산불 자체가 자연현상이다. 자연으로 보자면 늘 있는 일이다. 산불에 타버린 산은 몇 년이 지나지 않아서 누가 심지 않아도 새로운 나무들이 파릇파릇 자라고, 이 과정에서 산은 더 건강해진다. 바다에 부는 태풍도 그렇다. 인간에게 심각한 피해를 주지만 태풍이 불어 바닷물을 한 번씩 뒤집어 놓아야 바다가 건강해진다. 자연현상들은 결과적으로 인간을 이롭게 한다.

　바람도 그렇다. 바람이 내가 가는 방향으로 부는 순풍이든 아니면 내가 가는 방향의 반대 방향으로 부는 역풍이든 그것은 자연이다. 내가 바람을 불게 하거나 바람의 방향을 바꿀 수는 없다. 서울에서 LA까지 왕복의 여정을 비행기로 여행한다면 서울에서 LA까지, 그리고 LA에서 서울까지 걸리는 시간이 많이 다르다. 바람 때문이다. 맞바람이 불면 비행기는 운항이 힘들어진다. 하지만 역풍이라고 비행기가 운행을 포기하지 않는다. 순풍이면 조금 편하게 갈 수 있고 역풍이면 시간과 경비가 조금 더 소요될 뿐이다. 부적을 몸에 지닌다고 서울에서 LA를 더 빨리 갈 수도 없고 고사를 지낸다고 바람의 방향을 바꾸지 못한다. 여행하는 사람은 그것을 개선하거나 바꾸려 하기보다는 그냥 그러려니 하고 현실로 받아들여야 한다.

　회사가 하는 일마다 잘 안되고 적자가 날 때가 있다. 그럴 때는 그것을 피하기보다는 그때 하면 좋을 일들을 하면 된다. 적자가 나면 회사의 주식 가치가 흑자일 때보다 작아진다. 이때 주식을 양도하면 세금이 절약된다. 또 회사의 경영 악화를 이유로 직원들에 대한 구조조정을 시행할 수 있다. 불필요한 인력들을 줄여서 경영을 합리화할 수 있다. 사업 전반에 대한 검토와 분석을 통하여 회사의 문제점들을 파악하고 개선할 수 있다. 조직을 점검하여 회사가 방만하게 비대해지지는 않았는지 반성하는 계기가 될 수도 있다.

일본은 확실히 한동안 경제지표가 좋지 않았다. 그러나 많은 일본 경제학자들은 일본의 이 20년을 잃어버린 20년으로 폄하하지 않는다. 새로운 경제 환경에 적응하는 노력으로 평가한다. 일본의 잃어버린 세월은 1985년 플라자합의가 그 시작점이라고 하는데 별 시비가 없다. G5 정상들이 모여서 미국의 달러 강세를 종식하고 엔화의 가치를 획기적으로 상승시키는 데 합의한다. 이에 따라 일본의 부동산은 급등한다. 그리고 1989년 그 거품이 걷히고 부동산이 폭락하면서 일본이 장기 침체에 들어갔다는 것이 정설이다. 그렇다면 그 20년이 정말 잃어버린 세월이었을까. 만일 그렇다면, 일본이 정말로 그 긴 시간 동안 장기적인 경제침체였다면 그 결과로 지금 일본경제는 붕괴되어 있어야 한다. 하지만 현실은 전혀 그렇지 않다. 1989년 일본의 국민 총생산, 즉 GDP 순위는 미국에 이어서 세계 2위였다. 그리고 30년이 지난 2019년 일본의 GDP 순위는 미국과 중국에 이은 세계 3위이다. 중국의 성장을 불가항력이라고 본다면 일본경제는 사실상 지난 30년 동안 세계 순위에 변화가 없었다. 중국을 제외한 어떤 나라에게도 추월을 단 한 번도 허락하지 않았다. 이 자료는 일본은 실제로 지난 20년을 잃어버리지 않았다는 증거로 제시된다. 전후 가파른 경제성장을 구가하던 일본은 오히려 1989년 경제위기를 자성과 내실의 기회로 삼았다. 조용하게 체질을 바꾸고 구조를 조정하는 등의 노력을 게을리 하지 않았다. 위기를 치밀하고도 슬기롭게 전화위복의 계기로 전환했다는 설명이다.

사장에겐 쇼맨십도 필요하다. 중국의 황제처럼 비가 오지 않으면 백성들이 보는 가운데 천단에 올라 기우제를 지내기도 해야 한다. 하지만 보다 근본적으로는 경영이 어려울 때는 그때만 할 수 있는 경영상의 판단을 하면서 다가올 호황에 대비하는 것이 더 현실적이다. 기업은 늘 위기이고 늘 불황이다. 사장은 투구의 끈을 풀어서는 안 된다.

Chapter 6

경영의 끝
혹은 새로운 시작

세상에 영원한 것은 없다.

사람도 그렇고 법인도 그렇다.

언젠가는 떠나야 한다.

사람도 떠날 때가 있고 법인도 역시 그렇다.

미래를 염두에 두어야 한다.

목적지를 설정해야 한다.

그렇지 않으면 해가 지고 날은 저물어 가는데 벌판에 혼자 서 있게 된다.

생장소멸
·····················

> 기업도 생명체처럼 생장소멸한다. 태어나서 장성하고 늙어서 사라진다.
> 기업의 미래에 대하여 창업단계에서부터 계획이 필요하다.

   주가지수는 일반적으로 대기업의 주식시세를 반영한다. 주가가 내려
갔다는 것은 대기업의 주가가 내렸다는 것이고 주식시황이 좋다는 말
은 대기업의 주가가 올랐다는 말이 된다. 1주당 시세가 백만 원인 주식
과 만 원인 주식이 있다고 가정하면, 당연히 백만 원짜리 주식이 만 원
짜리 주식보다 전체 지수에 영향을 더 주기 때문이다. 백만 원짜리 주
식은 5% 오르면 5만 원이지만, 만 원짜리 주식은 5% 올라봐야 5백 원
이다. 비슷한 논리로 시중 경기는 소상공인보다 대기업 경기를 반영한
다. 연 매출 10억 원의 자영업보다는 연 매출 200조 원의 삼성전자가
국가 경제의 거시지표에 미치는 영향이 더 큰 것은 자명하다. 인터넷에
서 경제기사를 검색해 보면 지금 호황이란 기사는 거의 없다. 시대를
막론하고 경제는 늘 어렵고 경기는 내리막이다. 지금 경기가 바닥이냐
아니냐는 늘 논란이지만 지나고 나면 그때가 그래도 좋았던 시절이다.
경기가 나쁘지 않아도 정치는 늘 경제가 어렵다고 한다. 그 이유는 경

기가 좋은 것은 대기업이지 절대다수의 소상공인이나 자영업이 아니기 때문이다. 사장은 경제신문의 기사를 고려하지 말고 사업을 점검해야 한다. 다들 잘 나가는데 나만 사업이 점점 어려워진다면, 그 원인을 찾아보아야 한다. 세월이 흐르면 세상이 변하고 그 변화의 조류 속에는 언제나 사양산업이 생겨난다. 도태되는 업종이 있다.

한때 잘 나가던 사업이지만 사회가 변하고 경제구조가 변하고 소비자의 욕구가 변한다. 영원할 것 같지만 세상에 영원한 것은 없다. 미국 동부의 로체스터(Rochester)시는 코닥의 도시이다. 코닥의 본사가 여기에 있다. 로체스터 공과대학 R.I.T(Rochester Institute of Technology)는 화학과와 사진학과가 세계적이다. 코닥의 필름 생산과 관련이 있는 로체스터 공과대학 화학과는 노벨상 수상자를 배출했다. 역시 코닥 필름과 관련이 있는 사진학과는 세계적 명성을 갖고 있다. 코닥의 설립자인 조지 이스트만의 이름을 딴 로체스터 대학의 이스트만 음악대학은 세계 최고의 음악대학 반열에 이름을 올리고 있다. 그러나 코닥의 명성은 지금 과거의 영광에 형편없이 미치지 못하고 있다. 사진기가 필름에서 디지털로 변하더니 이제 핸드폰 속으로 사라져 버렸다.

법인은 사람이다. 사람은 아니지만 사람이다. 법인격이다. Legal Body이다. 생물은 생장소멸한다. 태어나서 장성하고 늙어 사라진다. 모든 유기체가 그렇듯이 법인도 태어나서 불같이 성장하고 정체기를 겪다가 시름시름 병에 걸려 결국은 파산 또는 폐업하게 된다. 영원히 살 수 있는 사람이 없듯이 법인도 영원히 존속될 수는 없다. 건강한 청년이 죽음을 현실로 받아들이고 준비하지 않듯이 기업도 왕성할 때는 영원할 것처럼 느껴진다. 그러나 어느 날 생각하지도 않은 곳에서 파열음이 들리기 시작하고 결국엔 좌초하게 된다.

기업이 사양길에 들어서면 직원들이 먼저 안다. 유능한 직원들이 떠나기 시작하면, 이미 그 기업은 쇠퇴기에 들어선 것이다. 회사가 어려워지면 임직원들이 떠나기 시작한다. 가장 믿었던 사람, 가장 능력 있는 사람부터 떠난다. 가끔 회사에 남아서 끝까지 정리하고 그 회사를 떠났다고 자랑스럽게 말하는 사람들이 있다. 정말 의리와 인정 때문에 그랬을 수 있지만, 새로운 직장을 찾기 힘들었기 때문에 그랬을 가능성이 더 높다. 사장은 회사를 그만둘 수 없다. 사장도 직원들이 부러울 때가 있다. 당당히 퇴직금을 요구하며 사표를 제출하는 직원을 보면, 회사를 떠날 수 없는 사장은 그들이 부러워진다. 사장은 다 떠나보내고, 마지막 한 명까지 다 내보내고 나서야 비로소 퇴직할 수 있다. 기업의 문을 여는 것이 사장의 책임이듯이 그 문을 닫는 것 또한 사장 책임이다. 직원들은 미지급 임금이나 퇴직금이 불확실해지면 불안해한다. 수단과 방법을 안 가린다. 법은 절대 사장 편이 아니다. 노동부도, 검찰도, 법원도 사장을 이해하거나 정상을 참작하지 않는다. 사회는 더 차갑다.

은행이 먼저 안다. 주거래은행 지점장이 회사를 방문하는 빈도가 높아진다. 지점장이 총무나 경리 임원과 식사를 자주 하게 된다. 동향을 파악하기 위함이다. 그리고 냉정해진다. 어제까지의 돈 좀 갖다 쓰라는 분위기가 아니다. 대출금의 만기도래 시에 연장에 대한 조건이 까다로워진다. 추가 담보를 요구하기도 하고 이자율이 높아진다. 은행 이자가 한번 연체하면 사채 수준엔 못 미치지만, 획기적으로 이자율이 올라간다. 은행에서 돈을 더 이상 조달하지 못하면 회사는 거의 복원능력을 잃었다고 보아야 한다. 하지 말아야 할 것이 사채이다. 경영이 어려워지면 어느새 알고 여기저기서 돈을 빌려준다고 하기도 한다. 제1금융권에서 금융 조달이 막힌다고 해서 아무리 힘들어도 2금융권이나 사채에 눈을 돌려선 안 된다. 정상적인 기업 활동으로 그 높은 이자를 감당하기는 어렵다.

압류가 들어오기 시작한다. 하도급대금, 물품구입대금, 체불임금 등에 대하여, 회사의 부동산이나 회사의 은행 계좌에 압류가 들어온다. 이쯤 되면 회사는 정상적인 영업활동이 어려워진다. 받을 돈도 수금이 어려워진다.

영화 〈대부〉에서 아버지 말론 브란도는 아들인 알 파치노에게 말한다. 적과 타협하자고 하는 사람이 있다면 그 사람이 배신자이다. 회사가 어려우면 임직원들의 움직임이 분주해진다. 유능한 임직원들은 사장에게 제안을 한다. 회사의 영업권을 헐값에 양도하길 권하거나, 회사의 실적을 다른 회사에 넘길 것을 소개하기도 한다. 회사 비품을 헐값에 매각할 것을 제안하기도 한다. 사장은 이런 임직원들의 제안을 잘 판단하여야 한다. 그것이 사장과 회사를 위한 충정인가. 임직원이 자신을 위하여 작업을 하고 있는가를 냉정히 따져 보아야 한다. 임직원들이 회사에 입금해야 할 돈을 이런저런 핑계로 입금하지 않기도 하고 잔고의 관리가 잘 안 되기도 한다. 사장의 지시가 먹히지 않을 수도 있다. 기업은 마지막에 직원들이 다 떠나고 사무공간이 압류되거나 혹은 임대료 체납으로 사무실 출입이 통제되면 사실상 생명을 다하게 된다. 법적 처리만 남는다.

영국의 토니 블레어 총리가 퇴임 후에 이런 말을 했다고 한다. 인기가 하늘을 찌를 때 총리가 되었는데 그때는 막상 보고를 받아도 무슨 말인지 하나도 모르겠더란다. 그런데 업무를 파악하고 보고내용을 알 만하니까 인기가 바닥이라 총리관저를 비워주어야 했다고 한다. 사장이 창업하고 인생을 바쳐서 기업을 세웠다. 이젠 모든 것이 안정적이다. 사장이 누구인지, 사업이 무엇인지 이제 즐길만하다. 그런데 어느 날 아침 출근길에 문득 거울을 보니 거울 속에 웬 노인 한 명이 자기를 바라보고 있다. 이제야 사업을 잘 할 것 같은데, 나이가 너무 많은 것이다. 총기도 체력도 과거와 확연히 차이가 날 뿐 아니라, 문제는 그것이 회사를 경영하기에 부족하다는 점이다. 막상 회사를 누군가에게 물려주려 하여도 물려줄 사람이 없다. 미리 준비하지 않은 것이다. 우리나라는 부의 세습을 사회적으로 인정하지 않는다. 오래된 기업은 규모가 작아도 자산가치가 높다. 자녀에게 물려주려 하여도 미리 오래전부터 준비하지 않았다면 세금이 만만치 않다. 창업해서 피땀으로 일군 기업인데, 사장이 노년에 처리를 못 하고 매물로 나온 기업들이 적지 않다고 한다.

뿐만 아니다. 자식들이 기업을 물려받으려 하지 않을 수도 있다. P씨는 성남에서 제법 규모 있는 자동차 정비공장을 한다. 16살에 무작정 상경해서 모진 고생을 하며 자동차 정비기술을 익혔다. 정비공장은 아주 오래된 단골고객들이 많다. 요즘 자동차 정비 산업이 내리막이긴 하지만 P씨는 그럭저럭 바람을 타지 않고 있다. P씨도 이제 회갑을 넘기면서 체력도 예전 같지 않다. P씨는 아들이 하나 있다. 아들을 미국에 유학을 보냈다. 그게 화근이었다. 자신이 못 배운 탓에 아들만큼은 원 없이 뒷바라지를 해 주었는데 그것이 문제가 될 줄은 몰랐다. 아들은 미국에서 공부하는 도중에 결혼을 했고 졸업하고 취직을 해서 거기에 아예 눌러앉았다. 한국에 돌아올 기미가 없다. 자동차 서비스 공장은 자동차 정비를 모르면 경영이 불가능하다. 공장이 들어선 곳이 이제 땅값이 많이 올랐다. 그런데 아들은 한국에 돌아올 생각도, 자동차 정비를 배울 의사도 없다. P씨는 요즘 걱정이 태산이다. 그간 무엇 때문에 그렇게 아끼고 열심히 일하면서 살았는지 후회하고 있다. 공장은 어떻게 될 것인가. 자신과 공장의 미래는 어떻게 될 것인가.

사장은 늘 준비해야 한다. 세상에 영원한 것은 없다. 이별을, 헤어짐을 늘 준비해야 한다. 사업을 처음 시작해서 첫 거래를 성사시켰을 때의 세상을 다 가진 것 같은 가슴 벅찬 추억은 잊어야 한다. 성장하는 아이를 보는 것 같았던 회사의 과거도 오래 회상하면 안 된다. 머무르고 싶었던 순간들은 영원할 것 같았지만, 결국 사람도 법인도 태어나서 성장하고 늙고 병들어 마침내 소멸하게 되는 것을 믿어야 한다. 모두가 영원해지고 싶지만, 세상에 영원한 것은 없음을 사장은 너무 늦지 않게 알아야 한다.

연극이 끝나고

창업자가 더 이상 경영을 하기 어려워지면 기업의 미래는 세 가지이다. 상속, 폐업, 매각이다. 혹은 종업원에게 회사의 소유를 양도할 수도 있다. 사장은 기업의 미래를 늘 준비해 두어야 한다.

    기업이 수명을 다하는 경우는 크게 두 가지이다. 하나는 사업 환경이 바뀌는 것 즉 외부적인 이유이고 다른 하나는 경영상의 문제 즉 기업 내부의 문제이다. 기업은 크나 작으나 늘 외적 요인 즉 시장의 변화나 사회적 구조의 변화 등을 민감하게 모니터링 하여야 한다. 실적이 부진하면 그 부진한 사유가 극복될 수 있는 것인가 아니면 그렇지 않은가 냉정하게 분석하고 대응하여야 한다. 시간의 흐름 속에 변하지 않는 것은 없다. 시간이 흐르면 유망사업이 사양사업이 될 수도 있다. 사장은 언제든 기업을 정리할 마음의 준비가 있어야 한다. 많은 기업들이 사실상 수명을 다했는데 그 사실을 사장만 모르는 경우가 많다. '꿈은 이루어진다.'든가 '하면 된다.' 혹은 '절망은 없다.'라는 등의 구호에 현혹되면 안 된다. 사장이 너무 오래 회사를 끌고 가면 임직원들이 고생한다. 협력회사와 하도급회사에 피해를 준다. 회사의 간판을 스스로 내리는 것과 타인이 내리는 것은 정말 차이가 크다. 만일 타인이 회사의 간판을 내릴 정도가 된다면 사장은 법정에 서게 될 가능성이 크다. 우리나라 기업문화가 그렇다. 사장은 회사가 자기의 분신이라고 믿는다. 좋게 말하면 그렇다. 나쁘게 말하면 사장은 기업을 자기 개인소유물로 생각하는 것이다.

한때 기업이 망하면 사장도 망하는 것을 사회가 강요했던 시절이 있었다. 기업이 망했는데 사장이 안 망하고 건재하면 그것이 무슨 큰 비리가 있어서 누군가 사장을 보호해 주는 것이란 시각도 있었다. 그러나 기업이 망해도 사장은 망하지 않는 것이 당연하다. 법인은 유한책임사원으로 구성된다. 즉 책임의 한계가 있다. 그리고 그 책임은 출자금이다. 출자금 이상의 책임이 없다. 사장이 법인을 자본금 5억 원으로 창업하였다면 사장의 책임은 그 5억 원에 대한 책임이다. 사장이 경영을 하다가 회사 빚이 10억 원이 있는데 회사가 문을 닫을 때 사장이 투자한 돈 5억 원에 나머지 빚 5억 원을 개인집을 팔아서 갚았다고 사장이 책임감이 있는 것도 아니고 그럴 필요도 없다. 사장은 출자금에 대하여만 책임을 지는 유한책임사원이다. 선진국은 은행에서 자금을 빌릴 때 법인이 빌린다. 사장이 서명하는 것은 법인 대표로서 서명하는 것이고 자연인의 자격이 아니다. 당연히 법인 대표의 개인적인 책임은 없다. 우리나라는 법인이 은행에서 돈을 빌리면 사장은 두 번 서명한다. 한번은 법인 대표 자격이고 다른 한번은 개인 자격이다. 결국, 회사가 빚을 못 갚으면 사장이 개인적으로 갚아야 한다. 이런 불합리한 제도는 은행만 이롭게 할 뿐이고 잘못된 관행이다. 정부도 이에 대한 개선을 진행 중이다. 누구나 아이디어와 의지가 있으면 창업을 할 수 있어야 하고 은행은 그 기업의 장래를 평가하여 자금을 지원할 수 있어야 한다. 은행이 비즈니스의 가능성에 금융지원을 해야지 대표이사의 부동산담보에 지원을 하면 담보가 없는 신규 사업자는 창업을 하지도 못하게 된다.

사장은 실패를 두려워하면 안 된다. 누가 보아도 사업의 수명이 다했는데 그것을 사장 혼자 인정하지 않아도 안 되지만, 역시 실패 앞에서 좌절해도 안 된다. 성공이 사장이 잘나서가 아니듯이, 실패가 사장이 못나서가 아닐 수도 있다. 세상은 다 성공할 수도 다 실패할 수도 없다. 사실 어떤 측면에서 보자면 사업엔 실패도 성공도 없다. 사업은 실패와 성공의 개념으로 설명되는 분야가 아니다. 사람들은 성공하는 사람들에게서 공통점을 찾으려고 부단히 노력한다. 그리고 그것을 성공의 법칙이나 규칙으로 만들려고 한다. 그러나 불행히도 많은 사람들의 주장에도 불구하고 성공의 법칙은 없다. 만일 그런 것이 있다면 세상에 실패하는 사람이 없을 것이고 파산하는 기업도 없을 것이다.

중소기업 혹은 중견기업의 특성상 기업의 소유와 경영을 독점하는 사장의 갑작스러운 질병 등으로 경영권에 공백이 생기면 기업은 위태로워진다. 실제로 이런 경우는 생각보다 많다. 사장의 대책 없는 갑작스러운 유고는 상속권자들 간에 분쟁의 원인이 될 수도 있다. 사전에 이런 경우에 대비하여 잘 준비된 재벌그룹도 총수의 유고 시에 가족들 간에 분쟁이 없는 경우가 거의 없는데, 중소기업은 그럴 가능성이 더욱 많다.

사장도 사람이다. 사람의 일은 모른다. 그러므로 사장은 늘 기업의 미래에 대하여 대책을 세워 놓아야 한다. 그것이 회사의 임직원과 또는 거래처, 협력과 하도급업체 등을 위하여 확실히 해 두어야 할 첫 번째 과제이다. 사업의 후계자를 선정하는 것은 기업의 안정성을 위하여 꼭 해야 할 일이다. 사장의 의무이다. 창업자가 나이가 들면 임직원들이 불안해한다. 늙은 사장이 후계자 없이 홀로 회사를 경영하면 경영권이 나약해 보일 수도 있다. 사장이 후계자를 미리 선택한다면 황태자를 책봉한 왕권처럼 권위가 강화된다. 후계자를 지정해도 창업자와 후계자 간의 갈등이 발생할 수도 있다. 창업자와 후계자 간의 알력으로 기업이 휘청거리거나 그로 인하여 경영권승계 이전에 기업이 어려움에 처할 위험도 있을 수 있다. 창업주에게 기업은 분신이다. 자신과 기업은 동일하다. 그것이 오너경영의 장점이고 단점이다. 결국 후계자 없는 기업은 아쉽게도 창업주의 인생과 함께 그 수명을 마감하기도 하고, 매끄럽지 못한 기업의 승계과정에서 위기가 발생하기도 한다. 사장은 미리 치밀하게 준비해야 한다.

기업은 창업보다 수성이 더 중요할 수 있다. 성을 지키는 것은 외부에서 침입하는 적과 내부의 동요를 막아야 한다. 사장은 기업의 외부요인을 예의주시하고 사업 환경의 현재와 미래를 매의 눈으로 바라보아야 한다. 아울러 내부요인 즉 경영권의 확립과 방어 그리고 후계구도를 탄탄하게 해 놓아야 한다. 사장이 기업을 정리하는 방법은 세 가지이다. 상속과 폐업과 매각이다. 사장은 창업할 때부터 고려해야 한다. 에베레스트의 정상에 가는 것은 거기에서 살기 위하여 가는 것이 아니다. 사업은 정점에 섰을 때 내려올 것을 계획하여야 한다. 사장은 창업할 때 회사의 미래를 고려하여야 한다. 막상 물려줄 자식도 후계자도 없는데, 규모가 커져 버린 기업을 창업자가 너무 늦게까지 손에 쥐고

놓지 않는다면 결과는 너무도 뻔하다.

　난 대학 시절 연극을 했다. 연극은 잘하고 못하고가 없다. 최선을 다했는가 다하지 않았는가의 문제이다. 쑈는 계속되어야 한다. Show must go on이다. 배우가 무대에 서면 배우는 없다. 배역이 있을 뿐이다. 배우는 슬퍼도 배역이 웃으면 무대 위에서 웃어야 한다. 배역이 장군이면 배우가 장군이 아니어도 장군처럼 연기해야 한다. 배역이 졸병이면 배우가 장군이어도 졸병이어야 한다. 무대 위에서는 배역에 충실해야 한다. 그리고 연극이 끝나면 무대를 내려와야 한다. 연극이 끝나고 객석에 불이 커지고 관객들이 다 떠나면 배우도 무대를 내려와야 한다. 배역이 끝난 것이다. 무대에 계속 서 있거나 나의 배역인 장군으로 더 살고 싶다고 호소해도 헛일이다. 연극이 끝난 것이다. 배우는 연기할 무대가 있었음에, 그리고 객석을 매운 관객, 조명과 음향과 무대장치와 기타 스텝들이 있었음에 감사하여야 한다. 감사함으로 무대를 내려와야 한다. 그리고 다른 무대에서 다른 배역을 준비하여야 한다. 사업이 끝이 나면 사장은 무대를 내려와야 한다. 아주 감사한 마음으로 내려와야 한다. 미련 없이 떠나야 한다.

희극인가 비극인가

> 사장도 영원할 수 없고 기업도 그렇다. 그 유한함을 인정해야 한다.

아프리카 케냐는 도시에서 흉기를 휴대하는 것이 법으로 금지되어 있다. 만일 흉기를 들고 거리를 활보하면 당장 경찰에 의해 잡혀가게 될 것이다. 하지만 마사이는 예외이다. 단검을 몸에 지니고 나이로비 시내를 돌아다녀도 된다. 손에 든 가냘픈 창과 허리에 찬 단검만으로 밀림의 왕자인 사자를 사냥하는 마사이는 용감하다. 케냐 사회는 마사이의 용맹, 그리고 그 상징인 칼을 인정하는 분위기이다. 실제로 마사이는 길을 가다가 강도나 도둑을 보면 밀림에서 사자를 때려잡던 기백으로 그들을 제압하고 표표히 가던 길을 가기도 한다. 그래서 케냐 수도 나이로비의 유명 호텔이나 건물의 보안요원은 대개 마사이들이다. 케냐에 마사이가 있다면 짐바브웨엔 줄루가 있다. 영국인들 또는 백인들에게 줄루라는 말은 아주 혐오스러운 사람과 짐승에게 쓰는 말이다. 어떤 사람에게 대놓고 줄루 같다고 하면 아마 엄청난 반대급부를 감수해야 할 것이다. 인간관계는 파탄 날 것이 분명하다. 하지만 아프리카 중남부의 짐바브웨에서는 다르다. 누가 자신이 줄루라고 한다면 아프리카에서 가장 용맹스럽고 자존감이 있고 신사다운 사람으로 자신을 소개하려 하고 있는 것으로 받아들여도 별 무리가 없다.

1980년대에 줄루는 영국 군대와 싸운다. 이 전투에 대한 기억은 당사자들인 영국군과 독립군이 조금 다르다. 영국군은 짐바브웨 군대를 격파하고 명예롭게 퇴진했다는 것이고 줄루족이 주축이 된 용맹한 짐바브웨 독립군은 영국군에게 치욕적인 패배를 안기고 독립을 이루었다는 것이다. 짐바브웨 독립군은 불후의 명장 무가베 장군이 이끌고 있었다. 영국과 싸워 이긴 무가베는 아프리카의 자존심이고 그 중심엔 줄루의 용맹함이 전설처럼 전해진다. 줄루에게서는 승자의 여유와 품격이 느껴지기도 한다.

아프리카 짐바브웨에서 프로젝트를 수행할 때이다. 현지의 우리 컨설팅팀을 독려하고 진행사항을 확인하기 위하여 수도 하라레를 방문하였다. 정부의 차관급 인사와 저녁이 예약되어 있었다. 짐바브웨는 바다가 없는 내륙국이다. 해산물이 귀할 것이라고 생각했다. 마침 메뉴에 랍스터가 있기에 조금 비싸지만, 그것으로 선택하고 미리 주문하였다. 마침내 식사가 시작되었다. 차관은 수행원들과 함께 자리에 앉았다. 랍스터 요리를 미리 주문했노라고 설명했다. 그분이 그냥 미소를 짓는다. 직감으로 알 수 있다. 뭔가 잘못된 것이다. 수행원이 조심스레 말한다. 짐바브웨 사람들은 물에서 나는 것 가운데는 물고기만 먹는다는 것이다. 결국, 부랴부랴 식사를 다시 주문하였고 그 덕분에 우리의 식사시간은 더 길어졌다. 밥을 먹으면서 차관과 수행원은 자신들이 줄루라고 자랑스레 말한다. 마사이는 키가 크고 날씬한 데 반하여 줄루는 신체적으로 별 특이점이 없다. 그들은 자신들이 1980년에 영국으로부터 독립을 이룬 민족이라고 소개한다. 그날 저녁에 우리는 긴 시간 다양한 주제로 여러 가지 이야기를 나누었다.

짐바브웨의 농토는 비옥하고 기후는 온화하다. 과거 영국의 식민지 시절에 영국인들은 이 짐바브웨에 스프링클러가 작동하는 광활한 농장을 개발하고 농기계와 비행기로 농사를 지었다. 짐바브웨 독립 세력은 영국인들이 누리는 막대한 소득이 자신들의 것이라고 생각했다. 영국인을 무력으로 몰아내고 이 농장들을 국유화하여 자신들이 운영하면 국부가 늘어날 것으로 믿었다. 마침내 무력으로 영국인들을 몰아냈다. 그러나 영국인들이 떠난 농장은 이제 더 이상 작물들이 익어가는 풍요로운 농장이 아니다. 지배자인 영국인들은 짐바브웨 사람들에게 영농기술이나 장비의 사용법 등을 가르쳐 주지 않았다. 짐바브웨 사람들은 농장의 경영은커녕 농사짓는 방법도 몰랐다. 생산된 농산물을 국외에서 누가 사 주지도 않았다. 차관은 나에게 설명하였다. 짐바브웨는 독립 이후에 극심한 인플레이션을 겪었습니다. 서방세계는 우리가 영국인들을 죽이고 추방한 데 대한 보복으로 우리와 거래를 하지 않았습니다. 우린 꿈에 그리던 독립을 이루었지만, 영국의 식민지 시절보다 훨씬 더 힘든 시간을 보내야만 했고 일부 국민들은 차라리 다시 영국의 품으로 돌아가자고 요구하기도 했습니다. 짐바브웨는 자기 나라 돈이 없다. 미국 달러를 통화로 사용하고 있다. 경제적으로 힘든 시절이 있었던 것이다. 그리고 감당 못 할 인플레이션으로 자신들의 화폐를 포기한 것이다. 독립이 꿈이었다. 그리고 꿈에 그리던 독립을 쟁취하였다. 하지만 그것이 희극인가 혹은 비극인가는 아직도 결과가 확정되지 않은 진행형이다. 결국 남아공의 넬슨 만델라, 리비아의 카다피와 함께 아프리카의 근 현대사에 가장 영향력 있는 지도자 중 한 명으로 꼽히던 무가베 대통령은 2017년 반란군에 의하여 권좌에서 물러나고 2년 뒤에 95세의 나이로 조국을 떠나 타지에서 숨을 거둔다. 짐바브웨 독립은 짐바브웨 국민들에게 희극이었을까 비극이었을까? 혹은 짐바브웨 독립의 아버지 무가베 장군에게 독립은 희극이었을까 혹은 비극이었을까.

차관은 짐바브웨에는 아직도 많은 농장들이 새로운 주인을 기다리고 있으며, 짐바브웨 정부는 해외 자본투자에 매우 전향적임을 설명하였다. 자신들의 미래는 농업에 희망을 걸고 있다고 한다. 아프리카 정부의 공무원들은 유럽 유학의 경험을 갖고 있는 사람들이 많다. 우리는 유럽과 관련한 경험들을 서로 이야기하였다. 결국, 우리는 프랑스의 문호 빅토르 위고가 쓴 『레미제라블』에까지 화제에 올리게 되었다. 아프리카에서 랍스터를 먹지 않는 사람들과 논하는 『레미제라블』은 나에겐 신선한 충격이었다. 『레미제라블』 원작이 무려 3,000페이지에 달하는 대작이란 것도 처음 알게 되었다. 나는 『레미제라블』이 인도주의라고, 장발장이 마차에 깔린 사람을 구하고 이를 지켜보고 있던 자베르 경위에게 잡혀가는 것은 다수의 시민보다 다급한 한 명의 목숨을 더 소중히 여긴 인도주의라고 말했으나 그분은 무슨 소리냐고, 『레미제라블』은 장발장과 코제트의 러브스토리라는 것이다.

장발장은 가난하게 태어나서 모진 고생 끝에 경제적 사회적 성공을 거둔다. 어린 시절의 원죄는 그를 추적하는 경찰관 자베르에 의하여 끊임없이 조여 오지만 장발장은 효과적으로 도피하고 타협한다. 촛대를 훔쳤지만 면죄해준 신부도 만나고 어린 딸을 위하여 인생을 허비하는 가련한 엄마도 만난다. 시장이 되어 도탄에 빠진 수많은 시민에게 행복을 준다. 돈도 벌었고 명예도 얻었다. 사랑도 했다. 그 사랑을 위하여 목숨도 걸었다. 나무랄 데 없는 인생이다. 천박하지 않고 부끄럽지 않은 인생이다. 하지만 그 이야기의 제목이 영어로는 미저러블(miserable)이다. 비참하다는 것이다. 인생은 아무리 화려해도 결국은 비참하다는 것이 그 소설이 담고 있는 주제일지 모른다.

셰익스피어의 명작들 가운데 햄릿, 오셀로, 리어왕, 맥베스를 4대 비극이라고 부른다. 그 공통점은 극 중 주인공이 죽는다. 그래서 문학은 주인공이 죽으면 비극이고, 주인공이 살아서 행복하게 오래오래 사는 해피엔딩으로 끝나면 희극으로 여기기도 한다. 그렇게 본다면 모든 인생은 결국은 죽는다. 레미제라블이다. 사장이 되어서 사업의 길에 들어선다. 승리의 환희에 젖어 세상을 다 가진 것처럼 즐거워하기도 했고 패배의 뒤안길에서 어깨를 들먹이며 오열하기도 한다. 큰 이익을 남기고 신이 나서 감사의 기도를 하기도 하고 내일을 기약 못 할 위기에 가슴 졸이기도 한다. 사장이 되어서, 리더가 되어서, 그것이 희극인가 혹은 비극인가.

톨스토이는 『참회록』에서 인생을 이렇게 설명한다. 한 나그네가 광야를 가다가 사자를 만난다. 도망치다가 우물로 뛰어든다. 우물 바닥으로 떨어지다가 나뭇가지에 걸려 겨우 목숨을 건진다. 이제 살았구나 하는 순간 아래를 내려다보니 우물 바닥에 독사들이 우글거린다. 눈을 들어 위를 보니 사자가 우물 입구에서 으르렁거린다. 나그네가 의지하고 있는 연약한 나뭇가지를 검은 쥐와 흰쥐가 번갈아 가면서 갉아 먹고 있다. 그런데 그 사이로 꿀이 흐른다. 나그네는 꿀을 손으로 찍어 입에 넣는다. 꿀은 달콤하다.

사람이나 기업이나 영원할 수 없다. 위기이든 기회이든 그것은 그냥 스쳐 지나가는 과정이다. 꿀맛에 젖거나 길들여지면 사자나 뱀이 목숨을 노리고 있고 또는 자신이 나뭇가지에 매달려있다는 사실을 잠시 내려놓는다. 자신의 생명을 지탱하는 이 나뭇가지도 지금 흰쥐와 검은쥐가 교대로 갉아 먹고 있다는 것을 잊고 살게 된다. 인생이나 사업의 공통점은 영원할 수 없다는 것이고 사람이나 사장의 가장 큰 실수는 그것이 영원할 것이라고 믿는 데 있을 수도 있다. 사업은 유한하다. 내 것이 아니다. 성공이든 실패이든 내 옆에 잠시 머물고 있을 뿐이다. 사장의 경영은 사람도 기업도 영원할 수 없음을 인정하고 그것을 전제로 하여야 한다.

아모르파티

> 사장이 된 것도 운명이다. 사장에겐 성공도 실패도 없다.
> 과정일 뿐이다. 운명은 일생을 걸고 사랑할 만하다.

일요일 오전이다. 교회의 종소리가 울려 퍼지고 사람들은 삼삼오오 짝을 지어 마을의 중심에 있는 예배당 건물로 들어선다. 그런데 교회 문 앞에 한 어린 여자아이가 겁에 질린 얼굴로 울며 서 있다. 교회 입구에서 마을 사람들과 인사를 나누던 목사님은 그 여자아이에게 다가가서 왜 예배당에 들어오지 않고 울고 있느냐고 묻는다. 아이는 서글피 울며 대답한다. 지난 한 주일 동안에 너무나 많은 죄를 지어서 차마 교회 문턱을 넘을 수 없다고, 나는 아마 지옥에 가게 될 것이라고 흐느낀다. 목사님은 그 어린 여자아이를 품에 안고 예배당에 들어선다. 그리고 예배당을 가득 채운 신도들에게 말한다. 이 아이가 가야 하는 지옥이라면 내가 먼저 가겠습니다.

미국은 한때 정말로 경직된 사회였던 것 같다. 정부가 국민에게 술을 마시지 말라고 명령하고 국민들은 그 명령을 따르는 아주 경건한 사회이었다. 마을을 개척하면 주민들은 먼저 교회 건물을 짓고 그다음에

사장학개론

학교를 짓고 나서야 개인들이 살 집을 지었다고 한다. 사실인지 모르지만, 그 정도로 종교를 우선하는 사회였고 개인보다 전체가 더 큰 가치를 지니는 분위기이었던 것 같다. 여기에 변화의 바람이 분다. 신의 위상은 인간을 심판하는 지위가 아닌, 인간에게 복을 주는 주체로 자리바꿈한다. 긍정의 힘은 강조된다. 꿈을 꾸면 이루어진다고 한다. 누구에게나 적용되는 성공의 법칙들이 등장하고 누구든 갖고 싶은 것을 가질 권리가 있다고 한다. 인기 방송인은 자동차가 필요한 사람들에게 그 소망을 적은 엽서를 방송국으로 보내라고 한다. 갖고 싶은 자동차를 구체적으로 쓰라고 한다. 그리고 그 가운데 276명을 스튜디오에 초대한다. 전국에 생방송 되는 가운데 초대된 사람들에게 각각 하나씩의 작은 상자가 전달된다. 그리고 일시에 그 상자를 연다. 거기엔 자기가 바라던 자동차의 열쇠가 들어 있다. 모두 열광한다. 꿈은 이루어진다. 긍정의 힘이다.

해방 직후에 일본은 우리나라를 미군에 인수인계하면서, 열세 살 미만은 거지이고 열세 살 이상은 도둑이라고 표현했다고 한다. 일제는 우리에게 열등감과 좌절감을 심어 주는 데 많은 노력을 했다. 일본은 우월하고 조선은 열등하다는 논리이다. 그 가운데 하나가 소위 엽전론이다. 엽전은 우리가 스스로를 비하하여 지칭하는 호칭이었고, 엽전론은 엽전은 안 된다는 자조적인 논리였다. 우리가 경제부흥을 이루기 전에 우리는 먼저 소위 엽전론을 종식했다. 그리고 이제 우리 스스로를 엽전이라고 비하하는 사람은 아무도 없다.

나는 초등학교 때 태권도를 배웠다. 태권도는 행동을 하기 전에 먼저 시선을 옮긴다. 상단 막기를 하기 전에 먼저 시선이 상방으로 향한다. 옆차기를 하기 전에 먼저 시선이 옆으로 움직인다. 시선은 행동에 우선한다. 우리 스스로를 바라보는 시선이 바뀐 것이다. 우리 스스로를 더 이상 엽전이라고 부르지 않기 시작한 것이다. 시선을 들어서 미래로 향한 것이다. 우리 자신도 느끼지 못하는 사이에 우린 긍정적이되었다. 그리고 우린 남들이 기적이라고 부러워하는 오늘의 우리를 만들어냈다. 사실 나는 한국인이 교육열이 높다거나 혹은 한국인이 머리가 우수하다고 믿지 않는다. 우리처럼 교육열이 높은 나라는 세상에 정말 많다. 아프리카나 남미를 여행하다 보면 그 사람들의 우수한 두뇌에 놀라게 된다. 우리의 오늘은 만든 것은 우리이다. 남북이 대치하는 상황에다가, 침략자 일본이 바로 옆에서 독도가 자기네 땅이라고 우기며 호시탐탐 노리고 있다. 그 운명적 척박함이 우리를 스스로 다그치게 했을 것이다. 절박함보다 더한 능력은 없다.

어린 새끼를 노리는 사자와 맞서면 어미 노루는 도망가지 않는다. 죽어라 싸운다. 잘못 걸리면 사자도 노루의 뒷발질에 치명상을 입을 수 있다. 우린 일본이 남기고 간 엽전론의 틀 안에서 마냥 좌절할 수만은 없었을 것이다. 자원 하나 제대로 나오지 않는 척박한 국토에서 가진 것이라고는 사람밖에 없는 운명 앞에서 우리는 치열할 수밖에 없었을 것이다.

우리에겐 치열함이 있다. 꿈은 행복이 아니라 생존을 위한 것이었고 그 꿈은 이루어졌다. 소크라테스는 신에게 세 가지의 감사를 드렸다고 한다. 현대에 태어난 것과 아테네에 태어난 것 그리고 남자로 태어난 것. 소크라테스가 아프리카 오지에 태어났다면 그는 더 이상 소크라테스가 아니다. 비록 형벌로 사약을 마시고 죽지만 그때 거기에서 그는 소크라테스이다. 신에게 감사한 것은 그가 노력하거나 선택하지 않

사장학개론

았는데 그에게 주어진 것들, 즉 그에게 운명처럼 주어진 것들에 대한 감사이다. 경직된 사회에 태어나서 평생을 죄에 대한 공포 속에서 사는 것도, 원하는 것은 모두 가질 수 있는 긍정의 시대에 태어난 것도 나의 노력의 결과가 아니다. 운명이다. 내가 현대에 서울에서 태어난 것도 나의 노력의 결과가 아니다. 운명이다. 동네 개들도 만 원짜리 지폐를 물고 다니는 호황의 시대에 사업을 하는 것도, 줄줄이 폐업하는 불황의 시기에 창업으로 몰린 것도 나의 의지가 아니다. 당신은 이렇게 성공할 줄 알았습니까? 대부분의 성공적인 사장은 그렇지 않았다고 대답한다. 하다 보니 이렇게 되었다는 것이다. 지금의 성공이 미래의 성공이 아니고 지금의 부진이 미래의 부진도 아니다.

니체는 운명을 사랑하라고 한다. 아모르파티. 이 말은 운명이란 것이 존재한다는 명제와 그것을 사랑하라는 명제로 각각 나누어진다. 운명이 있다. 그리고 그 운명을 사랑하라. 운명이란 나의 노력이나 능력 그런 것보다 더 높은 개념이다. 나의 의지와 무관하다. 그런 운명을 사랑하라는 것이다. 운명에 순종하란 말은 아니다. 운명과 씨름하고 부대끼라는 것이다. 사랑하라. 치열하게 대립하고 화해하고 대화하고 이해하고, 그러면서 나를 사랑하라고 운명을 사랑하라고 한다. 사장도 운명일 수 있다. 사장에겐 성공이나 실패란 없다. 모든 것이 과정일 뿐이다. 묵묵히 주어진 길을 가라. 운명이므로 사랑하라. 니체는 그렇게 말하고 있는 듯하다.

사람에게 운명이 있듯이 기업에도 운명이 있을지 모른다. 기업의 미래가 어떤 모습일지는 아무도 모른다. 사장은 자신의 운명을 사랑하듯이 기업의 운명도 사랑해야 한다. 사장은 자식을 키우듯이 기업을 키워야 한다. 기업과 사장은 영원히 함께할 수 없다. 잠시 곁에 있을 뿐이지 내 것이 아니다. 영원히 가질 수 있는 것은 없다. 영원히 함께할 수 있는 것도 없다. 실패한 인생이 없듯이 실패한 사장도 없다. 사장과 기업은 어쩌면 만남도 운명이고 헤어짐도 운명이다. 그리고 우린 그 운명을 사랑해야 한다.

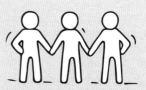

사장학개론

초판 1쇄	2020년 08월 28일

지은이	최병식
발행인	김재홍
디자인	이근택
교정 · 교열	김진섭
마케팅	이연실

발행처	도서출판지식공감
등록번호	제2019-000164호
주소	서울특별시 영등포구 경인로82길 3-4 센터플러스 1117호 (문래동1가)
전화	02-3141-2700
팩스	02-322-3089
홈페이지	www.bookdaum.com
이메일	bookon@daum.net

| 가격 | 15,000원 |
| ISBN | 979-11-5622-531-7 03320 |

| CIP제어번호 | CIP2020031968 |

이 도서의 국립중앙도서관 출판예정도서목록(CIP)은 서지정보유통지원시스템 홈페이지(http://seoji.nl.go.kr)와 국가자료공동목록시스템(http://www.nl.go.kr/kolisnet)에서 이용하실 수 있습니다.